인공지능과 평생교육

인공지능총서

인공지능 시대입니다. 기계가 인간의 인지를 대신하고, 사물이 인간을 통하지 않고 다른 사물과 직접 커뮤니케이션합니다. 이에 따른 인간 삶과 문명 변화를 정확히 이해·예측·대응하는 것은 이 시대 우리 모두의 과제입니다. 인공지능총서는 인공지능 기술과 환경의 여러 주제를 10가지 키워드로 정리합니다. 관련 개념과 이론, 학계와 산업계의 쟁점, 우리 일상의 변화를 다룹니다. 인간과 기술의 현재, 미래를 세심히 분석합니다.

일러두기

- 인명, 작품명, 저서명, 개념어 등은 한글과 함께 괄호 안에 해당 국가의 원어를 병기했습니다.
- 외래어 표기는 현행 어문규정의 외래어표기법을 따랐습니다. 다만 '딥러닝', '딥마인드', '딥페이크' 등은 관행을 따랐습니다.

처음이세요?

전문가세요?

지금, 큐알 찍으면

🎁 AI 입문서 바로 선물

📚 당신만의 필독서 추천

📖 500권 요약본 공짜

🎧 오디오북 무료 사용

인공지능과 평생교육

김찬원·김나형·조항민·정의봉·최부헌

대한민국, 서울, 커뮤니케이션북스, 2024

인공지능과 평생교육

지은이 김찬원·김나형·조항민·정의붕·최부헌
펴낸이 박영률

초판 1쇄 펴낸날 2024년 10월 30일

커뮤니케이션북스(주)
출판 등록 2007년 8월 17일 제313-2007-000166호
02880 서울시 성북구 성북로 5-11
전화(02) 7474 001, 팩스(02) 736 5047
commbooks@commbooks.com
www.commbooks.com

ISBN 979-11-7307-138-6 03500

책값은 뒤표지에 표시되어 있습니다.

차례

인공지능과 평생교육

우리는 인공지능을 향한 높은 관심과 폭발적 확산을 목도하고 있는 중이다. 인공지능은 텍스트나 이미지를 단순 재현하거나 모사하는 수준을 넘어 새롭게 창조하고, 심지어 특정 대상(고양이나 강아지 등)의 패턴을 인식하여 있을 법한 새로운 패턴을 만들어 내는 수준으로까지 발전하고 있다. 그리고 인공지능은 이미 우리의 삶에 스며들고 있다. 우리가 일상적으로 사용하는 스마트폰이나 자동차, 가정(스마트홈) 등에서 알게 모르게 널리 적용되고 있으며, 음악이나 소설과 같은 창작 영역에서부터 게임, 오락, 훈련 및 시뮬레이션, 에너지, 항공우주, 의학, 교육, 홍보 및 마케팅, 비즈니스 등 많은 영역에서 인공지능이 활용되고 있다. 그 결과 인공지능이 개인과 조직, 사회에 미치는 영향에 대해 고심하지 않을 수 없으며, 인공지능으로 인해 변모하게 될 삶과 사회에 대한 심도 있는 논의가 중요해진 상황이다.

이 책이 주목하는 부분은 교육 분야, 특히 평생교육 분야다. 인권 운동가 맬컴 엑스(Malcolm X)는 "교육은 우리가 미래를 향해 나아갈 수 있는 여권이다. 왜냐하면 미래는 오늘 그것을 준비하는 사람들의 것이기 때문이다"라고 말한 바 있다. 인공지능은 교육에 급진적인 변화를 일으킬 수 있는 높은 잠재력이 있기에 인공지능으로 인해 변화될 평생교육의 미래를 예측하고 대안을 제시함으로써 미래를 향해 나아갈 수 있는 원동력을 확보해야 한다.

인공지능은 의심할 여지 없이 교육 환경을 변화시키고 있다. IDC(International Data Corporation)가 실시한 연구에서 미국 고등 교육 기관 509개 중 99.4%가 향후 3년 동안 인공지능이 고등 교육 기관 경쟁력에 중요한 역할을 할 것이라고 답변하였다(Microsoft Education Team, 2020). 그 이유는 인공지능이 학습자를 가르치고 배우는 방식에 영향을 미칠 수 있기 때문이다. 빅데이터와 머신러닝과 딥러닝, 자연어 처리, 자동 채점, 성과 평가 등 새로운 기술을 사용하여 초등학교에서부터 대학원, 평생교육에 이르기까지 학습을 개인화할 수 있다. 이러한 개인화된 학습은 전통적인 교육에서는 볼 수 없었던 새로운 방식의 교육 혁신인 것이다.

역사를 통틀어 다양한 기술이 혁신을 가속화했다. 망원경은 천문학을 개선하였고, 현미경을 사용하면서 생물학의 혁신이 이루어졌다. 현재에는 청정 에너지나 우주 항공 기술, 전자 등 다양한 분야에서 인공지능의 사용을 확대하여 새로운 발견을 가속화하는 데 도움이 되는 방법을 모색하고 있다(Kulakauskaite, 2024). 인공지능도 같은 방식으로 평생교육에 혁신을 불러일으키고, 평생교육을 위한 새로운 방법을 모색하는 데 도움이 될 것이다. 실제로 인공지능이 인간의 학습을 보다 개인화하고 효과적으로 만들어 전반적으로 더 나은 교육 경험을 만들어 낼 것이라는 예측들이 나오고 있다.

미국의 대표적인 컨설팅 회사인 매킨지앤컴퍼니(McKinsey&Company)는 인공지능과 교육의 통합은 일시적인 추세가 아니라 혁신에 가까운 변화이며, 교육 분야에서 인공지능이 학습 성과를 향상하고, 새로운 가능성을 열어 세계 GDP를 최대 1.5%까지 증가시킬 것이라고 분석하였다. 또한 기존의 전통적인 교육 방식에서 인공지능 기반 교육 방식으로의 전환은 인공지능의 분석과 적응, 예측 능력이 교육에 완벽하게 통합되어 학습에 대한 접근 방식의 근본적 변화를 이끌어 낼 것이라고 전망하였다(GPUnet, 2024). 이러한 예측은 유엔(UN)이 발표한 '모든 사람을 위해 더 나은 지속 가능한 미래를 만들기 위한 지속 가능한 개발 목표(SDGs)'에서도 잘 드러나 있다. 그 중 교육 분야에서 학습을 보다 매력적이고 개인화하여 훨씬 많은 사람들에게 양질의 교육을 제공하고(SDG4), 최첨단 기술을 교육에 도입하여 혁신을 촉진한다(SDG9)는 개발 목표는 인공지능을 통한 교육 혁신과 상당 부분 일치한다(UN, 2024).

인공지능 기반 교육 혁신의 실제 사례는 애리조나 주립대학교(ASU), 조지아 공과대학교(Georgia Institute of Technology), 무르시아 대학교(University of Murcia)를 통해 살펴볼 수 있다. 애리조나 주립대학교는 적응형 학습 플랫폼을 통해 개인화된 교육에서 상당한 도약을 이루어 냈다. 인공지능을 활용하여 각 학생의 성과와 학습 습관을 실시간으로 분석하고, 이를 통해 커리큘럼을 동적으로 조정하여 각 학습자의 고유한 요구에 맞는 개인화된 경로를 제공함으로써 교육 성과를 크게 개선하였다. 조지아 공과대학교는 IBM의 왓슨 플랫폼을 기반으로 인공지능 조교인 '질 왓슨(Jill Watson)'을 학생들의 질문에 자율적으로 응답하도록 설계함으로써 학생 지원의 효율성을 크게 향상해 시기적절하게 정확한 지원을 제공하였다. 주목할 만한 점은 일부 학생들을 제외하고는 대부분의 학생들이 인공지능과 상호 작용하고 있다는 사실을 전혀 알아차리지 못했다는 점이다. 또한 무르시아 대학교는 자연어 처리와 머신러닝을 활용하는 인공지능 기반 플랫폼을 채택하여 개인화된 언어 연습과 대화형 대화, 발음 및 문법에 대한 즉각적인 피드백을 제공하였다. 특히, 각 학습자의 능숙도 수준에 맞게 학생의 진도에 따라 진화하는 맞춤형 학습 경로를 제공하여 학생들의 언어 능력을 향상하는 데 성공하였다(GPUnet, 2024).

이러한 교육 혁신 사례들은 인공지능이 교육에 활용되는 다양하고 영향력 있는 방식을 보여주는 것이며, 개인화된 학습 경험과 혁신적인 학생 지원에서부터 간소화된 언어 교육에 이르기까지 인공지능의 교육 혁신을 엿볼 수 있는 사례다. 평생교육 분야에서 인공지능의 교육적 활용은 단순히 가능성이 아닌 현실로 다가오고 있는 것이다. 그러므로 인공지능으로 인해 펼쳐질 평생교육의 미래에 무엇이 기다리고 있는지를 파악하고, 인공지능의 효율적 활용을 위해 갖추어야 할 지식과 능력은 무엇인지, 그리고 인공지능으로 인해 발생할 교육적 문제점과 이를 효과적으로 통제할 수 있는 다양한 방법들에 대한 심도 있는 논의가 이루어져야 한다.

인공지능이라는 새로운 교육 환경의 도래가 목도되고 있는 상황에서 이 책이 평생교육 분야에서 인공지능의 교육적 활용을 위한 방향성을 그려나가는 데 깊이 있는 논의의 시작점이 되기를 기대해 본다.

인공지능과 교육 4.0: 새로운 도전과 부흥의 기회

세계는 4차 산업 혁명 시대를 맞이하여 산업과 서비스에 더 높은 정밀도를 가진 신기술의 개발과 사용이 촉진되고 있다. 빅데이터와 사물인터넷, 사이버 물리 등 이전 기술과는 그 궤를 달리하는 지능적 기술들이 확산되고, 이 기술들이 인공지능과 통합되면서 인간을 위한 각종 서비스를 고도로 촉진시키고 있다. 생산에서부터 유통, 판매, 소비에 이르는 전 과정이 인공지능에 의해 관리되고, 각종 서비스와 교육, 보건 및 의료, 에너지, 군사 등에 대한 활용과 응용이 활발하게 이루어지면서 거의 대부분의 영역이 빠르게 변화하고 있으며, 빠르게 변화하는 만큼 현대 사회를 살아가는 사람들에게 새로운 재능과 능력을 요구하고 있다.

급속도로 발전하는 기술은 개인의 일상생활이나 일과 관련된 능력을 끊임없이 재구축시키면서 그에 맞는 능력을 요구하고 있지만 교육 제도가 이를 따라가지 못하는 현상이 나타나고 있다(Thwe & Kálmán, 2023). 또한 지식이 증가하고 기술이 발전하면서 배움과 학습은 보편화되었고, 자신의 학습 특성을 탐색, 이해하고 가장 효과적인 학습 전략을 선택하는 것은 이제 삶의 학습에서 매우 중요한 요소가 되고 있다(Cabi & Yalcinalp, 2012).

이제는 변화된 환경에 적극 대응하는 차원에서 자신의 능력을 변화된 환경에 맞춰 증진시켜 나가는 노력이 요구되는 바 인공지능이 교육 혁신과 변혁을 위한 대안이 될 수 있다. 더욱이 평생교육은 모든 학습자를 아우르는 영역으로 학습자 자신과 사회적 환경에 의해 발생하는 변화에 유연하게 대처할 수 있는 필요 역량들을 갖추는 데 핵심적인 역할을 수행한다는 점에서 평생교육 분야에 인공지능을 통합하는 것은 평생교육이 훈련이나 지속적인 교육의 그 이상이라는 의미를 담지한다.

이는 인공지능을 평생교육에 통합시킴으로써 여러 학문과 평생 학습, 기술 및 산업 훈련, 직업 교육 등 다양한 맥락에 기반한 개념적 이해와 지식의 실제 적용을 통해 사람들이 일생을 살아가는 데 필요한 역량이나 능력을 갖추도록 학습 기회를 제공하고, 다양한 상황과 맥락에서 사용할 모든 지식과 가치, 능력 등을 이해하고 실제적으로 발휘할 수 있도록 자극할 수 있기 때문이다(Watson, 2003).

전 세계는 이미 인더스트리4.0(Industry4.0)이라는 새로운 도전과 부흥의 기회를 맞고 있다. 평생교육 분야 역시 인공지능을 통해 에듀케이션4.0(Education4.0)이라는 새로운 도전과 부흥의 기회를 잡아야 한다. 빠르게 변화하는 기술 환경에서 인공지능과 교육의 통합은 단지 미래에 가능한 일이 아니라 임박한 일이라는 점에서 평생교육 역시 다르지 않다. 모든 학습자들이 개인화된 지원과 포괄적인 학습 기회를 받고, 교수자와 긴밀한 관계를 맺어 더욱 향상된 지도를 받고, 자신의 성과에 대해 적절한 인정과 평가를 받는 미래를 상상해 보라.

전통적인 교육 방법은 오늘날에도 여전히 교육의 중추지만, 모든 학습자들이 동일한 방법과 동일한 속도로 학습한다는 일괄적인 접근 방식은 이제 빠르게 변화하는 교육 환경에 적합하지 않다(Mantilla, 2024). 이제는 기존의 전통적인 교육에서 탈피하여 인공지능을 통해 평생교육에서 필요한 혁신을 이끌어 내고, 평생교육을 향상하는 잠재력을 발휘하도록 해야 한다. 이를 위해 지금 우리에게 주어진 과제는 인공지능이 주도하는 교육 혁신을 확장하고 가능한 한 효율적이고 효과적으로 최대한의 긍정적 영향력이 발휘될 수 있도록 함과 동시에 인공지능으로 인해 유발될지도 모르는 고유한 위험들을 관리할 수 있는 방법을 고민해야 한다.

이 같은 관점에서 인공지능이 교육 분야에서 실제로 어떤 상황에서 어떻게 작동하고 활용되는지 검토하고, 전문가의 감독 하에 적합성을 평가하는 것은 평생교육 기관을 포함하여 교수자와 실무자 모두가 상당한 관심을 기울여야 할 부분이다(Orsoni et al., 2023).

인공지능 기반 평생교육 생태계 구축을 향하여

평생교육 분야에서 인공지능의 교육적 활용을 통해 모든 학습자들에게 더 나은 결과를 제공하기 위해서는 인공지능의 책임 있는 사용을 지원할 수 있는 평생교육 생태계를 구축해야 한다. 기본 전제는 인공지능의 교육적 혜택과 이점, 한계를 이해하기 위한 평생교육 관련 이해관계자 모두에 대한 적절한 교육이 선행되어야 하고, 평생교육 관련 인프라를 현대화함은 물론 안전하고 권리를 존중하는 인공지능 개발 및 채택이 이루어져야 한다. 모든 사람들에게 공평한 교육기회의 접근을 보장하는 것은 평생교육에 대한 민주화를 가늠하는 척도가 될 수 있지만, 적정한 기술과 자원에 접근할 수 있는 사람들만이 그 혜택을 온전히 누릴 수 있다면, 학습자들의 교육불평등을 더욱 악화시킬 수 있다. 이러한 관점에서 인공지능을 기반으로 한 평생교육 생태계 구축은 평생교육의 민주화와 교육 불평등 해소를 기본 가치로 하여 교육 관련 의사결정의 투명성과 형평성, 차별 금지, 개인정보 보호 등과 같은 윤리적 문제를 해결하기 위한 노력도 병행해야 한다. 그래야만 인공지능 기반 평생교육 생태계를 원만하게 구축할 수 있다.

인공지능 기반 평생교육 생태계의 핵심 구성 요소는 디지털 생태계 형성에 필요한 4가지 구성 요소를 통해 가늠할 수 있다. 즉, 디지털 생태계는 네트워크와 서비스, 애플리케이션, 사용자 등 4가지 요소가 반드시 요구되는 바 사용자는 애플리케이션을 사용하여 디지털 네트워크를 통해 서비스에 액세스한다. 이를 인공지능 기반 평생교육 생태계에 적용하면 인공지능은 네트워크와 서비스, 애플리케이션, 사용자(평생교육 이해당사자)라는 4가지 구성 요소를 모든 단계에 통합하여 사용자 경험을 개선하고 서비스를 개인화하며 프로세스를 최적화하고 데이터를 기반으로 다양한 인사이트를 제공한다. 특히, 애플리케이션과 서비스를 통한 사용자 피드백은 인공지능 알고리즘에 공급되어 효율성과 개인화를 개선하는 데 활용된다. 이러한 맥락에서 네트워크 보안은 인공지능 사용자의 개인정보나 데이터를 보호하는 데 필수적이며, 서비스 품질을 개선하고 관리를 용이하게 할 뿐만 아니라 상호 연결을 고도화할 수 있는 기회를 지속적으로 창출하여 인공지능 기반 평생교육 생태계가 발전할 수 있는 가능성을 높일 수 있다(Rojas & Chiappe, 2024).

인공지능 기반 평생교육 생태계 구축을 통한 가치 창출은 인공지능이 미칠 영향이 구체화되지 않았기에 추상적일 수밖에 없다. 하지만 인공지능의 교육적 활용이 본격화될수록 평생교육 분야에서도 인공지능의 교육적 활용과 관련된 가치는 널리 받아들여질 것이다. 인공지능 기술의 평생교육과 관련된 미래 가치는 다음과 같이 제안될 수 있다. 첫째, 평생교육 과정의 다양한 단계를 지능적으로 자동화하여 교수자들이 해야 할 반복적인 활동(시험 문제나 리포트 출제, 성적 처리, 출석 관리, 기타 학습자 관련 행정 업무)이 대체될 수 있다. 둘째, 점점 복잡해지는 학습자들의 다양한 패턴을 발견하고, 사전 예방적이며 예측적인 분석을 통해 이해와 의사 결정을 보완하고 개선할 수 있다. 셋째, 그동안의 인간과 기술의 상호 작용 방식을 개선하여 인간이 기술의 조건에 따라 상호 작용하도록 강요받는 것이 아닌 기계(인공지능)가 인간의 조건에 따라 상호 작용할 수 있는 방식으로 전환될 수 있다. 넷째, 새로운 교육 서비스나 교육 시장, 교육 사업 모델을 창출할 수 있다. 다섯째, 교육 서비스의 품질과 일관성을 개선하고, 투명성을 높여 교육 이해당사자 간의 신뢰를 강화할 수 있다.

그러나 인공지능의 진화와 발전 속도가 아무리 빠르다고 하더라도 인공지능을 평생교육에 통합시키는 과정은 절대로 쉬운 일이 아니다. 적정한 인공지능 기술을 개발해야 하고, 인공지능을 기존 인프라에 통합하기 위한 상호 운용 및 호환성을 테스트해야 하는 등 시간이 오래 걸리는 복잡한 과정을 거쳐야 한다. 또한 품질 저하와 알고리즘 편향, 윤리적 딜레마 등과 같은 많은 기술적 과제와 함정을 해결해야 하고, 인공지능 시스템의 투명성과 책임성, 공정성을 보장하기 위한 각종 사회적, 제도적, 법적 장치들이 마련되어야 한다. 그러므로 인공지능 기반 평생교육 생태계 구축은 가까운 미래의 어느 시점에 구축될지도 모르지만 상당히 오랜 시간이 소요될 수도 있다.

이 책에서는 인공지능 기반 평생교육 생태계 구축에 대해 논하지는 않는다. 다만 인공지능 기반 평생교육 생태계 구축이 평생교육 분야의 궁극적인 지향점이 될 것임을 분명히 하고자 한다. 따라서 이 책이 평생교육 분야에서 인공지능의 교육적 활용에 대한 관심을 높이고 심도 있는 논의를 위한 촉매가 되길 바라며, 미래에 인공지능 기반 평생교육 생태계 구축을 위한 작은 시작점이 되길 바란다.

이 책의 구성

이 책은 평생교육 분야에서 인공지능의 교육적 활용을 위한 가능성을 탐색하고 기본 방향을 설정하는 데 필요하다고 생각되는 다양한 내용들로 채워져 있다. 그 과정에서 저자들의 고민과 성찰 역시 포함된다. 인공지능 리터러시(1장)는 디지털 대전환과 인공지능 격차에 대한 우려를 통해 인공지능 소양으로서의 인공지능 리터러시에 대한 내용을 정리하였다. 인공지능 진화론(2장)은 인공지능의 교육적 역할과 진화 방향을 살펴보는 내용으로 이루어졌고, 인공지능과 비대면 교육 환경(3장)은 비대면 환경에 의한 교육 패러다임의 새로운 시작과 부상하고 있는 인공지능 기반 에듀테크에 대해 정리하였다. 인공지능과 교육 패러다임 변화(4장)는 인공지능의 교육적 활용에 대한 논쟁과 인공지능에 의한 교육 패러다임 변화에 대한 내용으로 이루어졌으며, 인공지능과 평생교육(5장)은 복합적 위기 시대에서 평생교육의 새로운 도약을 위한 키워드로서의 인공지능에 대해 정리하였다. 인공지능과 평생교육 혁신(6장)은 인공지능이 불러올 평생교육 혁신과 개인화된 교육의 주요 방식들에 대해 정리하였고, 인공지능과 평생교육 학습 전략(7장)은 평생교육 분야에서 인공지능이 가져올 학습 전략과 그에 대한 강점을 정리하였다. 인공지능과 평생교육 콘텐츠(8장)는 학습자를 위한 인공지능 기반 콘텐츠 사례와 방향성을 정리하였고, 인공지능의 명과 암(9장)은 교육 현장에서 인공지능이 가져올 긍정적 효과와 우려를 담은 내용으로 채워졌다. 인공지능과 평생교육의 미래(10장)는 평생교육 분야에서 인공지능의 안전한 사용을 위한 핵심사항과 평생교육의 미래에 대해 정리하였다. 마지막으로 세상은 변화하고, 세상에 속한 모든 영역 역시 변화할 수밖에 없다. 모든 변화가 항상 긍정적인 결과로 이어지는 것은 아니다. 다만 우리의 노력이 긍정적 결과로 이어질 수 있는 작은 씨앗이 될 수 있음을 기억하고, 인공지능이 평생교육 분야를 긍정적으로 변화시키는 밑거름이 되길 기대해 본다.

참고문헌

Cabi, E., & Yalcinalp, S.(2012). Lifelong learning considerations: Relationship between learning styles and learning strategies in higher education. *Social and Behavioral Sciences, 46*, 4457–4462.

Gisma University of Applied Science(2024). How is AI changing the education sector?. Business/Industry Insights. https://www.gisma.com/blog/how-is-ai-changing-the-education-sector

GPUnet(2024). How AI is changing education? A comprehensive overview. https://medium.com/@GPUnet/how-ai-is-changing-education-a-comprehensive-overview-9739784ab4bb

Kulakauskaite, I.(2024). How AI is accelerating innovation. https://www.hypeinnovation.com/blog/how-ai-is-accelerating-innovation

Mantilla, S. C.(2024). How can AI create personalized learning experiences for students?. https://www.linkedin.com/pulse/how-can-ai-create-personalized-learning-experiences-correal-mantilla-gwzcf

Microsoft Education Team(2020). New IDC report shows big opportunities to transform higher education through AI. https://www.microsoft.com/en-us/education/blog/2020/03/new-idc-report-shows-big-opportunities-to-transform-higher-education-through-ai/

Orsoni, M., et al.(2023). Recommending mathematical tasks based on reinforcement learning and item response theory. In C. Frasson, P. Mylonas, & C. Troussas (Eds.), Augmented intelligence and intelligent tutoring systems. *Springer Nature Switzerland*, pp. 16–28

Rojas, M. & Chiappe, A.(2024). Artificial intelligence and digital ecosystems in education: A review. Technology, Knowledge and Learning, https://link.springer.com/article/10.1007/s10758-024-09732-7

Thwe, W. P. & Kálmán, A.(2023). The regression models for lifelong learning competencies for teacher trainers. Heliyon, 9, e13749.

UN(2024). Sustainable development goals. https://www.un.org/sustainabledevelopment/sustainable-development-goals/

Watson, L.(2003). Lifelong learning in Australia. Department of Education, Science and Training, Australian Government. https://ams-forschungsnetzwerk.at/downloadpub/australia_lll_03_13.pdf

01
인공지능 리터러시

인공지능이라는 도구를 유능하고, 의미 있게 사용하기 위해서는 인공지능에 대한 합리적이고 비판적 사고를 통해 자기 판단과 자기 결정에 기반해야 하며, 이를 위해서는 기본 소양으로서 인공지능 리터러시를 갖추어야 한다.

AI와 1인 창업?

디지털 대전환기과 인공지능 격차

디지털 테크놀로지에 기반을 둔 고도의 첨단 기술이 급속도로 발전하고 사회 내에 빠르게 적용되면서 우리 사회는 이전보다 진보된 디지털 혁명과 사회적 변화를 맞이하고 있다. 자율 주행 자동차(Autonomous Vehicle), 사물인터넷(IoT), 로봇(Robot), 인공지능(AI), 빅데이터(Big data), 스마트 팩토리(Smart Factory), 클라우드 제조, 사이버 물리 등 4차 산업 혁명 기반 기술을 동력으로 지극히 개인적인 일상생활에서부터 정치, 경제, 사회, 문화 등에 이르기까지 대변혁을 일으키고 있다. 이에 4차 산업 혁명은 디지털 대전환기를 추동하는 강력한 요인으로서 향후 모든 영역에서 생산성을 높이고, 생산과 유통, 소비 등에 이르는 모든 과정에서 효율적 개선과 관리, 그리고 지속 가능한 진전을 이루는 데 주목할 만한 결과를 이끌어 낼 것으로 전망된다.

현재 급부상하고 있는 분야는 인공지능 기술이다. 인공지능(AI)은 프롬프트라고 하는 사용자 입력을 기반으로 텍스트나 이미지, 영상, 음성 등을 포함하는 다양한 정보와 콘텐츠를 생성해 내고, 언어를 기반으로 인간과 대화형 인터페이스를 제공함으로써 사용자들과 원활하고 직관적인 상호 작용을 가능하게 하는 기술이다(Schöbel et al., 2024). 특히 학습을 통해 정보나 콘텐츠를 단순 모사하거나 재현하는 수준에서 벗어나 비정형화된 데이터를 마이닝 및 분석하는 등 새로운 정보와 콘텐츠를 생성해낼 수 있는 '생성형 인공지능(Generative AI)'으로 발전하고 있다. 앞으로 생성형 인공지능의 활용과 발전은 더욱 가속화되어 종국에는 인간과 같이 지적인 일을 수행하고 새로운 결과물을 만들어 내는 지능적 기계로 진화할 가능성이 높다.

현재 인공지능은 점점 더 많은 기술에 통합되고 있다. 사람들은 일상생활에서 인공지능을 인식하지 못하더라도 인공지능과 상호 작용하며 살아간다. 예를 들면, 인공지능은 개인이 인터넷에서 정보를 검색하고 소셜 미디어 플랫폼에서 콘텐츠를 추천받을 때에도 시스템 내에서 조용하게 작동한다(Celik et al., 2022). 앞으로 자율 주행 자동차나 로봇과 같이 지금보다 정교한 인공지능 기술이 가까운 미래에 널리 보급되면 사람들의 삶과 일하는 방식에 상당한 변화를 초래할 것으로 예상된다. 하지만 컴퓨터나 인터넷 등 디지털 기술에 대한 접근성이나 활용성 측면의 불평등으로 인해 디지털 격차가 발생했듯이 인공지능에서도 동일한 문제가 발생할 수 있다. 이른바 인공지능 격차다. 인공지능 격차(AI Divide)

는 인공지능 기술에 접근하고 사용하는 데 발생하는 불평등이다. 어떠한 기술이든 간에 그 기술에의 접근성은 사람들이 해당 기술에 대한 지식을 갖추는 데 필요한 부분이다. 예를 들면, 더 많은 사람들이 인터넷에 접속할수록 더 높은 수준의 인터넷 활용 능력이 생긴다. 이는 사람들이 인터넷을 사용하고 그 과정에서 다양한 이점이나 혜택을 인식하게 되면 지속적인 사용으로 이어지기 때문에 가능한 일이다. 이런 과정을 거쳐서 인터넷은 우리의 삶에 통합될 수 있었다. 그러나 기술에의 불평등한 접근은 디지털 격차로 이어지듯이, 인공지능에의 불평등한 접근은 인공지능 격차로 인식된다.

디지털 격차와 마찬가지로 인공지능 격차는 물리적 접근과 동기 부여, 스킬(혹은 기술), 사용이라는 네 가지 측면에서 그 수준에 따라 불평등이 발생하고 인공지능 격차로 나타난다(Celik, 2023). 우선 물리적 접근은 인공지능 기술을 사용할 수 있는 기회와 관련된다. 인공지능이나 관련 프로그램을 이용하기 위해서는 일정한 비용을 지불해야 하기 때문에 비용의 지불 여부에 따라 인공지능 기술에 대한 접근성이나 활용성에서의 불평등이 발생한다. 둘째, 동기 부여는 인공지능 기술을 배우고, 활용하며, 채택하려는 개인의 의지와 의도를 의미하는 것으로, 동기가 없는 사용자는 인공지능 기술에 대한 접근성이나 활용성이 떨어질 수밖에 없다. 셋째, 기술은 인공지능 기술을 학습하고 활용하며, 관리하는 것과 관련된 것으로, 단순히 사용하는 것이 아닌 해당 기술의 장점과 문제점을 이해하고 자신의 일이나 업무에 적합한 방식이나 관련 기술을 선택할 수 있는 능력을 포함한다. 이러한 능력의 보유 여부나 수준에 따라 사용자들 사이에 불평등이 형성된다. 넷째, 사용은 인공지능 기술의 실제 활용을 의미하는 것으로, 인공지능 기술을 사용할 의향이 있는지, 인공지능 기술에 실제 접근 가능한지, 그리고 사용 방법을 알고 있는지에 따라 인공지능 기술의 활용에 있어 일정한 불평등이 형성된다.

이상과 같이 인공지능 격차는 인공지능 기술에 대한 접근이 제한됨으로써 사람들이 인공지능의 이점을 이해하고 적극적으로 활용할 수 있는 기회가 적어지면서 발생한다. 특히, 성별이나 연령, 계층, 교육 수준, 경제적 수준에 따라 전술한 물리적 접근, 동기 부여, 스킬, 사용에 대한 격차가 발생하기 때문에 인공지능 격차는 매우 포괄적으로 형성될 수 있다는 점에서 문제시된다. 그러므로 인공지능 격차는 인공지능 기술에 대한 접근성을 기반으로 한 다양한 형태의 포괄적 참여(인공지능 기술에 대한 이해와 사용 방법 및 활용 등)라는 형식을 띠어야만 해결 가능하다. 아가왈(Agarwal)과 캐러해나(Karahanna)(2000)가 주장하듯, 인간과 기술의 관계는 많은 사람들이 특정 기술에 깊이 관여하는 상태인 인지적 흡수(Cognitive Absorption)에 따라 결정된다. 이에 많은 사람들이 인공지능 기술에 관심을 가지고 포괄적으로 참여해야만 인공지능 격차의 해소가 가능해진다. 인공지능 기술을 사용하여 광범위한 데이터를 처리하는 방식에 대한 이해도나 지식이 높아질 경우에 사람들은 인공지능을 다루는 능력과 더 많은 정보에 입각한 의사결정을 내릴 수 있으며, 인공지능 격차로 인해 발생하는 정보의 양과 질에 대한 불균형을 극복하고 지식 격차로 이어지는 위험성을 최소화할 수 있을 것이다.

인공지능 소양과 인공지능 리터러시

인공지능 기술은 빠르게 발전하고 있는 만큼 우리의 일상생활에도 자연스럽게 스며들고 있다. 가정 내 스마트홈, 헬스 케어, 게임, 챗봇, 교통/내비게이션, 음악, 뷰티, 쇼핑, 식단 관리, 청소 등 우리의 눈에 보이지 않게 일상 속에서의 많은 변화를 가져오고 있다. 이제는 인공지능 자체가 단순한 언어 기반의 데이터뿐만 아니라 음성이나 영상, 이미지 등 다양한 형태의 데이터를 학습하고 생성하게 되면서 비즈니스 측면에서도 상당한 부가 가치의 창출이 이루어질 것으로 기대되고 있어 전 세계적으로 인공지능 생태계가 빠르게 구축되고 있다.

인공지능이 우리의 삶 전반에 필수적인 수단으로 부상하고 있는 상황에서 반드시 갖추어야 하는 소양은 바로 '인공지능 리터러시(AI Literacy)'다. 인공지능 리터러시는 인공지능 시대에서 정보를 기억, 소유하는 것을 넘어 정보에 대한 적절한 이해를 통해 원하는 결과를 창출해 내는 역량이 중요해졌음을 기본 전제로, '인공지능과 효과적으로 소통 및 협업하고, 온라인이나 가정, 직장에서 인공지능을 하나의 도구로써 사용할 수 있는 기본 역량'을 의미한다. 이를 보다 쉽게 풀어쓰자면, '사람들이 인공지능 기술을 비판적으로 평가하고, 인공지능과 효과적으로 소통하며, 인공지능을 도구로 사용할 수 있는 역량(Long & Magerko, 2020)'인 셈이다.

이는 인공지능이 머신러닝(Machine Learning)이나 딥러닝(Deep Learning)을 통해 학습하고, 인간과 유사한 언어적 구조를 통해 인간의 질문을 이해하고 답변할 수 있는 능력을 보유함에 따라 사용자가 원하는 정보를 정확하게 얻는 것이 중요해졌기 때문에 인공지능이 어떤 방식으로 작동하는지를 이해하고(이해력), 이러한 기술과 연계하여 다양한 사회문제에 비판적으로 대처할 수 있는 사고력과 논리력 등 인문학적 소양이 전제되어야 한다는 의미를 지닌다.

그러므로 인공지능 리터러시는 인공지능 사용 방법을 습득하는 것에서 머무르는 것이 아닌 인공지능 기술이 사회에 미치는 영향을 이해하고, 도덕적이고 윤리적인 사고에 기초하여 인공지능의 한계와 문제점을 인식하고 분석해 내서 올바른 판단을 내릴 수 있는 역량을 모두 포함한다(Knoth et al., 2024). 특히 인공지능이 생성한 콘텐츠가 인간이 생성한 콘텐츠와 매끄럽게 혼합되는 시대에서는 정확한 정보와 신뢰할 수 없는 정보를 구별하는 데 비판적으로 평가하는 능력이 중요해진다(Deng & Lin, 2023). 이에 인공지능이라는 도구를 유능하고, 의미 있게 사용하기 위해서는 인공지능에 대한 합리적이고 비판적 사고를 통해 자기 판단과 자기 결정에 기반해야 하며, 이를 위해서는 기본 소양으로써 인공지능 리터러시를 갖추어야 하는 것이다.

지금 인공지능이 우리 일상생활의 일부분이 되어 가고 있는 상황이지만 일반 사람들은 여전히 인공지능이 어떠한 원리로 작동하고, 어떻게 사용해야만 효과적으로 사용할 수 있는지, 그리고 인공지능이 양날의 칼이라는 관점에서 우리의 삶에 미치는 잠재적 영향력이나 문제점은 무엇인지에 기본 인식이 매우 부족한 상태다. 이에 학계나 실무영역 모두 공통적으로 일반인들을 대상으로 한 인공지능 리터러시 교육이 반드시 선행되어야 한다는 입장(Laupichler et al., 2022)을 견지하고 있다.

인공지능 리터러시 교육을 위해서는 4가지의 필수 영역이 존재하는데(Ng et al., 2021), (1) 인공지능을 알고 이해하는 인식(awareness) 영역으로, 인공지능에 대한 기초적 이해를 도모하는 과정에 해당한다. (2) 인공지능을 사용하고 적용하는 활용(usage) 영역으로서 인공지능을 도구로 이용하여 능숙하게 사용하는 능력을 의미한다. (3) 인공지능에 대한 평가(evaluation) 및 생성(creation) 영역으로서 인공지능을 통해 획득한 결과를 분석하고 평가하며 비판하는 과정에 해당한다. 특히, 도출된 결과에의 신중한 평가가 요구되므로 해당 결과에 따라 다시 결과를 도출하는 생성 과정이 포함되기도 한다. (4) 인공지능 윤리(ehtics) 영역이다. 이 영역은 필수적인 영역으로서 인공지능의 실존적 위협들을 인지하고 올바르고 바람직하게 이용할 수 있는 윤리적 기준을 이해하고 판단하는 영역이라고 할 수 있다.

유네스코(UNESCO, 2022) 역시 지속 가능한 인공지능 리터러시 교육을 강조하고 모든 시민을 위한 인공지능 리터러시 교육 커리큘럼으로 총 4가지의 학습 영역, 즉 인공지능 기초, 인공지능 적용과 개발, 사회적 영향, 윤리적 고려사항 등을 제시한 바 있다. 이는 앞서 제시한 인공지능 리터러시 교육을 위한 4가지 필수 영역과 상당 부분 일치한다는 점에서 인공지능 리터러시 교육이나 커리큘럼을 구성하는 데 하나의 기준이 될 수 있다.

참고문헌

Agarwal, R., & Karahanna, E.(2000). Time files when you're having fun: Cognitive absorption and beliefs about information technology usage. *MIS Quarterly,* 24(4), 665.

Celik, I.(2023). Exploring the determinants of artificial intelligence(AI) literacy: Digital divide, computational thinking, cognitive absorption. *Telematics and Information,* 83, 102026.

Celik, I., et al.(2022). The promises and challenges of artificial intelligence for teachers: A systematic review of research. TechTrends, 66(4), 616-630.

Deng, J. & Lin, Y.(2023). The benefits and challenges of ChatGPT: An overview. Frontiers in Computing and Intelligent Systems, 2(2), 81-83.

Kandlhofer, M., et al.(2016). Artificial intelligence and computer science in education: From kindergarten to university. In

2016 IEEE Frontiers in Education Conference(FIE)(pp. 1–9), IEEE.

Knoth, N., et al.(2024). AI literacy and its implications for prompt engineering strategies. Computers and Education: Artificial Intelligence, 6, 100225.

Laupichler, M. C., et al.(2022). Artificial intelligence literacy in higher and adult education: A scoping literature review, 3, 100101.

Long, D. & Magerko, B.(2020). What is AI literacy? Competencies and design considerations. CHI '20: Proceedings of the 2020 CHI Conference on Human Factors in Computing Systems, 1–16.

Ng, D. T. K., et al. (2021). Conceptualizing AI literacy: An exploratory review. Computers and education: Artificial Intelligence, 2, 100041.

Schöbel, S., et al.(2024). Charting the evolution and future of conversational agents: A research agenda along five waves and new frontiers. Information Systems Frontiers, 26, pp.729–754.

UNESCO(2022). K–12 AI curricula: A mapping of government–endorsed AI curricula. https://unesdoc.unesco.org/ark:/48223/pf0000380602

02
인공지능 진화론: 교육적 역할과 진화 방향

인공지능을 교육에 통합하면 빠르게 진화하는 산업 환경에서 학습자들이 지속 가능한 미래를 준비하는 방식을 혁신화하는 잠재력이 있다. 인공지능은 개인화된 학습 경험, 실시간 데이터 분석, 산업 동향 등의 데이터 기반 인사이트를 제공할 수 있다. 이는 4차 산업 혁명이라는 맥락에서 복잡한 문제를 해결하는 데 필요한 기술과 지식을 학습자들에게 제공하는 보다 친근하고 효과적인 교육 프로그램으로 이어질 수 있다.

AI와 MBTI?

인공지능 진화론: 인간을 닮아 가는 기계

인공지능이 지금보다 더 발전하게 되면 복잡한 작업에서부터 우리의 일상이나 일하는 방식, 그리고 인간이 세계를 인식하는 방식 등에서 근본적인 변화를 가져올 것이다(임재완, 2024). 물론 현시점에서 인공지능은 비서(personal assistant)나 에이전트(agent)와 같이 인간을 보조하는 역할론이 대세다. 인간을 대신하여 각종 정보를 분류하고 선별하여 정리하거나 복잡한 작업이나 연산 등을 수행하여 업무나 직무가 빠르고 정확하게 이루어질 수 있도록 효율성을 제고하는 데 활용된다. 키보드나 마우스를 포함하여 사람의 목소리를 통해 명령하면 모든 작업이 자동으로 수행되기 때문에 인간보다 훨씬 유능한 비서나 에이전트가 될 수 있다. 특히, 인공지능과 관련된 기술적 흐름은 서버나 클라우드에 연결될 필요 없이 스마트폰이나 태블릿PC 내에 인공지능이 구동되어 자체적으로 정보를 수집하고 연산하는 '온디바이스(On-Device)' 기술로 진화하고 있어 개개인 누구나 인공지능을 활용할 수 있는 시대가 본격화된다.

이제 곧 도래할 개인화된 인공지능 시대에서 우리가 살아가는 다양한 분야, 예를 들면 정치, 경제, 사회, 문화를 포함하여 세부적으로 교육이나 금융, 비즈니스, 엔터

테인먼트, 오락, 정보, 게임 등 제 영역에서 인공지능 기술을 도입하거나 활용하는 데 받아들이는 속도의 차이는 있을지라도 배제할 수는 없다. 고도 기술 사회를 살아가는 사람들은 자신을 둘러싼 사회 기술적 환경을 무시하며 살아갈 수 없기 때문이다. 유행이나 트렌드는 일시적일 수 있지만, 변화는 장기간에 걸쳐 일어나며 사회 전반에 걸쳐 일정한 영향을 미치기 때문에 우리의 일상적 삶 자체에도 지대한 변화를 유발한다. 변화가 일시적인 유행이나 트렌드와 그 격을 달리하는 이유이기도 하다.

인공지능은 향후 스스로 진화하는(AI Evolution Theory), 이른바 인간을 닮아가는 기계로 발전할 가능성이 매우 높다. '인간을 닮아가는 기계'라는 의미는 인간과 유사하게 지각하고 학습하며 의견을 제시하고 종내에는 스스로 결정할 수 있는 지적 능력을 보유하게 됨을 의미한다. 현재는 인간의 의사 결정이나 문제 해결에 있어서 조언하거나 보조하는 역할에 국한되어 있으나, 인간을 닮아가는 기계로 진화하는 것에 비례하여 인공지능에 묶여 있던 제한적 역할은 인간에 의해 주어진 틀(제한)에서 벗어나 계속해서 확대되어 나갈 것이며, 인공지능이 어느 순간 인간의 개입을 제한하는 방식으로 이어질 것이다. 이 부분이 인공지능에 대해 걱정하고 우려하는 지점이다. 즉, 인공지능의 학습 방식은 인간의 학습 방식과 동일하다. 인간의 학습 방식은 뇌(brain)와 뉴런(neuron)이라는 신경 세포로 이루어진 신경계 전달 체계를 바탕으로 다양한 학습경험(정보나 지식)을 뇌에 저장하고 분류하며, 필요에 따라서는 바로 꺼내서 사용이 가능하다. 또한 반복적이고 지속적인 학습을 통해 오류를 파악, 수정, 개선하는 것도 가능하며, 자신만의 지식으로 승화시킬 수 있다. 이에 인간은 계속해서 발전해 나가고 진화해 나갈 수 있는 동력이 생긴다. 그러므로 인공지능이 인간을 닮아간다는 것은 절대로 단순하게 생각할 문제가 아니다. 인간의 관점에서 인간을 파악하고, 일정한 시간이 되면 인간에 대해 자신만의 관점을 가지고 평가를 내릴 것이다. 이러한 능력이 인공지능의 위험성을 경고하는 핵심 지점이기도 하다. '인공지능 종말론'이 대표적인 예라고 할 수 있는데, 미국의 인공지능 정책을 조언하는 글래드스턴(Gladstone) AI는 미국 국무부의 의뢰를 받아 작성된 〈첨단 AI의 안전성과 보안성을 높이기 위한 실행 방안(Defense in Depth: An Action Plan to Increase the Safety and Security of Advanced AI)〉이라는 보고서를 통해 두 가지 실존적 핵심 위험으로 '인공지능 시스템의 무기화'와 '인공지능 통제력 상실'

을 제시하였다(한국과학기술기획평가원, 2024). 특히, 인공지능이 특정 능력의 한계점을 넘게 되면 통제력 상실로 인해 재앙적인 위험으로 다가올 수 있음을 지적하였다(황윤정, 2024.3.13). 이러한 경고는 인간을 뛰어넘을 수 있는 인공지능(예: 범용 인공지능)의 빠른 진화 속도에 기초한다. 비록 본격적인 범용 인공지능(Artificial General Intelligence, AGI) 시대에 들어서게 되면 다양한 분야에서 인간과 유사한 학습과 이해, 추론 능력을 지니게 되며, 궁극적으로는 인간과 동등한 수준의 창의적 사고와 문제 해결 능력을 가지게 되지만(임새완, 2024), 양날의 칼처럼 인공지능의 실존적 위험에 대한 경고 역시 무시하고 넘어가기에는 껄끄러움이 있다. 물론 우리가 생각하는 것과는 다르게 인공지능의 위험은 과상된 것이고 많은 사회적 문제를 해결하는 데 기여할 수 있지만, 특정 인공지능(범용 인공지능)의 경우에는 보다 신중한 방식으로 접근할 필요가 있다. 이에 인공지능 개발과 관련된 규제와 인공지능 감독 기관 설치, 인공지능 모델 훈련에 사용되는 컴퓨터 성능의 제한 등 안전장치 마련이 요구되고 있지만(박소영, 2024.3.13), 그와 동시에 대중들의 인공지능에 대한 전방위적 이해를 도모하고 윤리적 사고에 기초하여 바람직하게 이용할 수 있는 교육적, 제도적 환경 구축 역시 병행되어야 한다.

인공지능 교육적 역할론

그동안 컴퓨터나 인터넷과 같이 혁신을 초래하는 신기술이 등장하면 사회적으로 교육을 위한 도구로서의 활용에 깊은 관심과 논의가 있어 왔다. 유럽연합 진행 위원회(European Commission)는 〈디지털 교육 행동 계획(Digital Education Action Plan)〉이라는 보고서를 통해 우수한 디지털 교육 생태계의 개발 촉진을 지원하고, 교사들이 교육 활동 중에 디지털화(기술이나 로봇 교사)를 통해 21세기 기술을 촉진하도록 장려하였다. 이는 정보기술이 교육 역량을 결정하는 학습 전략으로써 중요한 가치를 지니기 때문이며, 평생교육에서 일관되게 적용되어 온 교육적 지향점에도 잘 드러나 있다. 즉, 평생교육의 교육적 지향점은 학습자 개인의 자기계발 및 자기실현, 차별 없는 교육기회 부여와 접근, 유연하고 탄력적인 교육 및 선택 이외에도 '어느 삶의 단계에서든 교육을 향상하기 위해 정보 기술을 사용해야 한다'고 제시되었다(Burlakova et al., 2019). 그러므로 정보 기술과 같은 새로운 기술의 교육적 활용은 학습 전략 차원에서 학업 성취를 높이기 위한 방법으로 일관되게 고려되어 왔다.

정보 기술 혹은 정보 통신 기술은 스스로 발전하고 진화하는 생물학적 특성을 띤다. 예를 들면, 정보기술의 핵심이라고 할 수 있는 인공지능은 딥러닝을 통해 스스로 학습하고 지식을 구축하며, 진화한다. 이에 정보 기술 사회에서는 지속 가능한 발전목표가 매우 중요하고, 그에 따라 교육도 '지속 가능한 발전을 위한 교육'이라는 프레임 속에서 이루어져 왔다. 특히, 디지털 기술이 물리적 시스템과 융합되고 그에 따라 산업 간 경계가 흐려짐에 따라 교육계는 산업적 요구와 새로운 기회에 적응하고 진화해야 하는 교육적 과제에 직면해 있다(Şerban et al., 2020). 이러한 맥락에서 인공지능을 교육에 통합시키는 것은 교육을 위한 콘텐츠 생성과 개인화에서부터 대화형 참여 등에 이르기까지 다양한 측면에서의 교육 혁명을 일으킬 수 있는 잠재력을 지닌다. 하지만 인공지능을 둘러싼 윤리적 문제나 잠재적인 편향 문제, 개인정보 보호 문제 등은 인공지능의 엄청난 가능성에도 불구하고 반드시 해결되어야 할 문제이기도 하다.

인공지능을 교육에 통합하면 빠르게 진화하는 산업 환경에서 학습자들이 지속 가능한 미래를 준비하는 방식을 혁신화하는 잠재력을 가진다. 인공지능은 개인화된 학습 경험, 실시간 데이터 분석, 산업 동향 등에 대한 데이터 기반 인사이트를 제공할 수 있다. 이는 4차 산업 혁명이라는 맥락에서 복잡한 문제를 해결하는데 필요한 기술과 지식을 학습자들에게 제공하는 보다 친근하고 효과적인 교육 프로그램으로 이어질 수 있다. 예컨대, 인간의 학습과 교수 활동은 지식 집약적인 인지 활동이다. 인공지능 역시 알고리즘과 지식을 기반으로 인지 및 문제 해결을 위해 만들어진 기술 집약체라는 점에서 교육자와 학습자의 능력을 효과적으로 지원하고 강화할 수 있다. 이미 인공지능 기술은 언어, STEM, 의학 등 다양한 분야에서 교육과 훈련을 촉진하기 위해 점점 더 많이 사용되고 있으며, 교육 분야에서는 학습 콘텐츠 개발 및 제작, 상호 작용, 협업, 성과 평가 등 교수 및 학습 활동을 지원하는 데 활용되고 있다(Perrotta & Selwyn, 2020).

분명한 사실은 인공지능이 4차 산업 혁명 시대에 교육에 접근하는 방식을 변화시킬 수 있다는 점이다. 개인에 적합한 최신 커리큘럼을 제공하고, 개인화되고 뛰어난 학습 경험을 제공하며, 업계 동향이나 고용 시장 수요 예측 등 실시간 분석을 통해 교육자나 학습자에게 귀중한 통찰력을 제공할 수 있다(Dwivedi et al., 2021). 이러한 접근 방식은 교육의 질을 향상할 뿐만 아니라 학생들이 끊임없이 변화하는 취업 시장에서 경쟁 우위를 가질 수 있도록 하는 데 기여한다. 또한 다양한 산업 내에서 새로운 직무 역할과 기술요구 사항을 식별하는 데 도움이 될 수 있다. 이외에도 교육 기관은 인공지능을 활용하여 산업 동향과 취업 시장 데이터를 지속적으로 분석함으로써 최신 기술과 역량을 갖추도록 커리큘럼을 조정할 수 있다. 그러므로 학계와 산업 간의 연결을 강화하여 더 큰 협업으로 이어질 수 있는 촉매제로 활용할 수 있다(Mourtzis et al., 2022). 다만 인공지능으로 인해 나타날 수 있는 편향이나 과잉 의존, 개인정보 보호 등의 문제 해결과 인공지능이 교육적 측면에서 가지는 잠재력 사이에 적절한 균형을 유지하기 위한 조치들이 필요할 것이다. 이에 인공지능을 교육에 통합하는 과정에서 반드시 고려해야 할 사항을 제시하면 다음과 같다(Bibri et al., 2024, Kai et al., 2022; Tokayev, 2023).

첫째, 개인정보 보호 및 데이터 보안 문제다. 교육용 인공지능은 민감한 학생 데이터를 수집하고 분석하는 경우가 많다. 이에 개인정보를 잘못 취급하거나 데이터 침해 문제가 발생할 경우에 학생의 프라이버시 침해를 포함하여 윤리적 문제에 따른 심각한 결과를 초래할 수 있다. 따라서 교육 기관은 강력한 데이터 보호조치를 구현하고 개인정보 보호 규정을 준수하여 예상치 못한 위험으로부터 보호하기 위한 교육(교수자 및 학생)을 병행해야 한다.

둘째, 인공지능에 대해 과도하게 의존할 위험이 상존한다. 인공지능은 교육을 향상할 수 있지만 학생을 지도하고 멘토링하는 교육자의 중요한 역할을 대체해서는 안 된다. 교육의 과도한 자동화와 비인격화는 인간적 감각과 비판적 사고 능력의 상실로 이어질 수 있다. 따라서 효과적인 교육 경험을 보장하기 위해서는 인공지능 기반 학습과 인간 상호 작용 간의 적절한 균형을 유지해야 한다.

셋째, 인공지능의 기술적 가치에만 집중하는 문제다. 인공지능의 강점이나 장점에만 지나치게 집중하게 될 경우에는 인간적 가치가 무시되는 위험성이 상존한다. 이에 인공지능과 관련된 사회적, 문화적, 윤리적 차원의 중요성을 간과해서는 안 된다.

넷째, 인공지능 기반 교육의 과도한 표준화 문제다. 개인화는 상당한 이점이 있지만 신중하게 관리하지 않으면 인공지능이 교육을 획일적인 접근 방식으로 밀어붙일 위험이 있다. 그러므로 맞춤화로 인해 교육 접근 방식과 관점의 다양성이 손실되어서는 안 된다.

참고문헌

박소영(2024.3.13). "AI는 인류 멸종 수준의 위협"…美 국무부 의뢰 보고서 경고. 중앙일보, https://www.joongang.co.kr/article/25234925

임재완(2024.4.17). 인공 일반 지능(AGI)이란? 개념, 적용기술, 그리고 인간 삶에 미칠 영향. 삼성 SDS, https://www.samsungsds.com/kr/insights/artificial_general_intelligence_20240417.html

한국과학기술기획평가원(2024.4.16). 미국, 'AI' 인류 멸종 위협과 AI킬러 로봇 등 AI위험성 경고. ≪과학기술&ICT 정책·기술동향≫, 259, 39 – 40쪽.

홍은주(2023.8.18). ChatGPT를 넘어, 생성형 AI(Generative AI)의 미래 – 1편. 삼성 SDS, https://www.samsungsds.com/kr/insights/future_of_generative_ai_1.html

황윤정(2024.3.13). "AI 인류멸종 수준 위협될 수도"…미 보고서의 섬뜩한 경고. 연합뉴스, https://www.yna.co.kr/view/AKR20240313049000009

Bibri, S. E., et al.(2024). Smarter eco-cities and their leading edge artificial intelligence of things solutions for environmental sustainability: A comprehensive systematic review. *Environmental Sceince and Ecotechnology*, 19, 100330.

Burlakova, I., et al.(2019). Organization of lifelong learning in the system of professional training of teachers. 1, *International Forum on Teacher Education,* pp.59-71.

Dwivedi, Y. K., et al.(2021). Artificial intelligence(AI): Multidisciplinary perspectives on emerging challenges, opportunities, and agenda for research, practice and policy.

International Journal of Information Management, 57, 101994.

Kar, A. K., et al.(2022). How can artificial intelligence impact sustainability: A systematic literature review. *Journal of Cleaner Production,* 376, 134120.

Mourtzis, D., et al.(2022). A literature review of the challenges and opportunities of the transition from industry 4.0 to society 5.0. *Energies,* 15(17), 6276.

Perrotta, C., & Selwyn, N.(2020). Deep learning goes to school: Toward a relational understanding of AI in education. *Learning Media and Technology,* 45, pp.251-269.

Şerban, E., et al.(2020). Sustainable universities, from indifference to joint action: A panel data analysis. *Amfiteatru Economic Journal,* 22(54), pp.376-390.

Tokayev, K. J.(2023). Ethical Implications of Large Language Models A Multidimensional Exploration of Societal, *Economic, and Technical Concerns. International Journal of Social Analytics,* 8(9), pp.17-33.

03
인공지능과 비대면 교육 환경

2000년대 초에는 대표적인 인터넷 강의라고 할 수 있는 e-러닝이 부상하였으나 현재에는 증강 현실이나 가상 현실, 인공지능 등을 활용한 에듀테크에 대한 관심이 높아지고 있다.
에듀테크 산업은 교육 환경이 오프라인에서 온라인으로, 대면 교육에서 비대면 교육으로 전환되면서 학습 수요가 증가하였고, 현재에는 인공지능의 등장과 확산, 시장적 가치와 미래 성장 가능성에 대한 기대감이 높아지면서 급격하게 성장하고 있다.

AI와 난임 극복?

교육 패러다임의 시작, 비대면 환경

현 사회에서 교육 패러다임의 변화는 이미 빠르게 진행 중이다. 그 변화의 시작은 예상치 못하게 시작된 비대면 환경(Non-Face-To-Face Environment)과 무관하지 않다. 2019년 말에 중국 후베이성 우한시(Wuhan, Hubei Province, China)에서 기원한 코로나-19(COVID-19)가 전 세계적으로 빠르게 확산되면서 국내에서는 유행을 차단하기 위한 사회적 거리 두기와 외출 자제 등의 긴급 조치들이 시행되었다. 그와 동시에 소비와 생산 및 물류, 유통 등을 포함하여 각종 사회적, 경제적 활동들이 위축되거나 중단되면서 상당한 경제적 손실과 대규모 감원 및 실직 등이 발생하였고, 각종 사회 경제적 지표들은 하락하였다. 교육 역시 단축 수업과 휴교가 반복되는 제한적 운영이 지속되었고, 각종 학원들이 휴원하거나 운영을 중단하는 사태를 맞이하기도 하였다.

세계보건기구(WHO)에 의하면, 당시 전 세계 학생의 84.3%가 코로나 팬데믹으로 인해 휴교를 한 차례 이상 겪었을 정도(조승한, 2021.11.4)로 오프라인 중심의 공교육은 상당한 타격을 받았다. 물론 휴교나 폐쇄 상황에서도 학교 교육의 지속성을 보장하기 위하여 온 · 오프라인 수업을 병행하였으나, 코로나-19가 어느 정도 통제되기 전까지는 휴교가 반복되었다. 이로 인해 2020년에 전 세계의 약 55%에 이르는 국가에서 수업 일수 결손이 발생하였고, 2021년에는 약 66%의 국가에서 초등학교 교육과정을 조정하는 조치를 취하기도 하였다(OECD, 2021).

코로나-19로 인해 촉발된 대격변의 시기는 우리 사회의 많은 모습들을 바꿔 놨다. 재택 근무나 온라인강의 및 온라인 쇼핑 등 비즈니스를 포함하여 사람들의 소비 방식이나 인간 관계 등 많은 영역에서 비대면 방식으로 전환되었고, 언택트(Untact) 방식의 사회적, 경제적, 문화적 소비가 가속화되었다. 특히, 인간의 생활 양식은 전통적으로 오프라인 중심의 대면 환경이었기에 코로나-19로 인한 예상치 못한 비대면의 일상화는 세계 경제적 측면에서도 전례 없는 충격이었던 만큼 전통적인 사회 구조를 변화, 혁신시키는 디지털 전환을 강력하게 추동하는 모티브가 되었다. 강력한 디지털 전환은 새로운 감염병에 의한 팬데믹 현상이 다시는 발생하지 않으리라는 보장은 없으며, 같은 상황이 발생할지라도 비대면 환경에서 원활한 사회적, 경제적 활동이 원만하게 이루어질 수 있도록 하는 것이 중요하다는 교훈에 기반한다. 그러므로 코로나-19와 같은 감염병 확산은 우리에게 단순한 재앙이 아닌 새로운 기회와 도전을 제공하였다.

교육도 마찬가지다. 교육에 있어서 비대면 교육이 활성화되면서 온라인 교육의 중요성이 더욱 높아지고 있다. 비록 이전에도 원격 교육과 같은 비대면 교육은 존재하였으나, 코로나-19 팬데믹 기간 동안 시간과 공간의 장벽을 극복하고 우리 사회에서 교육이 원만하게 이루어질 수 있는 유일한 해법으로서 온라인 교육의 중요성이 여실하게 드러난 것이다. 특히 팬데믹 사태에 대응하여 정보 통신 기술(ICT)은 원격 교육이나 학습 등 교육적 측면에서 많은 잠재력을 보여 주었다. 하지만 온라인 교육으로 인해 학습자들의 고립과 외로움, 사회적 상호 작용 및 동기 부여가 크게 약화되는 부정적 현상도 목도되었다. 이러한 부작용은 사회적 상호 작용과 사회성에 기반을 둔 학습 방법을 촉진시키기 위해 새로운 기술을 활용해야 할 분명한 당위성을 제공한다.

주지하다시피 학습은 경험에 기반한 적극적인 과정이며, 학습자는 사회적 상호 작용을 통해 학습을 보다 효과적으로 수행할 수 있다(Braun et al., 2020). 이러한 학습의 특성상 오프라인 교육(대면 교육)은 사회 내에서 주요한 교육 방식이었고, 온라인 교육 플랫폼은 전통적인 교육에 있어서 보조적인 수단으로 인식되었으나, 이제는 온라인 교육이 거부할 수 없는 하나의 대세로 자리 잡아 가고 있다. 사람들은 이미 팬데믹 기간 동안 디지털 사회에 기반한 비대면 환경 및 언택트 서비스의 편리함과 효율성을 경험하고, 그에 비례하여 익숙해짐으로써 초등학생에서부터 대학생, 성인 학습자에 이르기까지 비대면 방식의 온라인 교육이 보편화되고 있다.

다만 언택트 기술에 기반한 온라인 교육이 증대될수록 디지털 기술의 한계 역시 명확하게 드러날 가능성이 높다. 이에 온라인 교육이 안정적으로 안착되기 위한 방향을 제시하면 다음과 같다(김호원 외, 2020). 첫째, 온라인 교육에서 가장 큰 이슈는 온라인 학습의 효율성 제고와 교육 약자 문제다. 특히, 온라인 교육의 효율성은 제도적 기반 조성과 디지털 기술의 성숙으로 충분히 해결될 수 있으나, 취약 계층 문제는 지속적인 관심과 배려, 투자를 통한 교육 지원 역량을 강화해야 한다. 둘째, 디지털 기술과 인간의 감성 조화가 이루어질 수 있도록 해야 한다. 비대면 교육의 일상화로 사회적 상호 작용의 약화와 그에 따른 단절과 고립, 비언어적 요소의 부재라는 문제가 가중될 수 있다. 이러한 문제 해결을 위해 온라인을 어떻게 보완 및 활용할 것인가에 대한 방안이나 대책이 마련되어야 한다.

따라서 온라인 교육에서 학습 경험을 높이고, 교사와 교사, 교사와 학습자, 학습자와 학습자 간 협력적인 상호작용의 기회가 확대될 수 있도록 교수 및 학습을 위한 새로운 전략을 마련해야 한다는 점은 온라인 교육의 성공적 안착을 위해 우리가 해결해야 할 중요한 과제가 될 것이다.

비대면 교육과 에듀테크 그리고 인공지능

코로나-19의 글로벌적인 빠른 확산은 현대 사회가 항공망을 통해 촘촘하게 연결된 네트워크 사회이기 때문에 가능했다. 인천 국제공항(한국)이나 두바이 국제공항(아랍에미리트), 로스앤젤레스 국제공항(미국), 파리 샤를 드 골 공항(프랑스), 창이 공항(싱가포르) 등 허브 공항(Airline Hub)이 존재하는데, 이들 허브 공항들은 전 세계의 사람과 물류가 모였다가 다시 전 세계로 퍼지는 주요 중심지이나 환승 거점이기 때문에 코로나-19가 세계적으로 빠르게 퍼지는 핵심 원인이 되었다. 그리고 이렇듯 그물망처럼 촘촘하게 짜인 네트워크는 비대면 교육의 핵심이기도 하다.

2000년대 초에는 대표적인 인터넷 강의라고 할 수 있는 e-러닝이 부상하였으나 현재에는 증강 현실이나 가상 현실, 인공지능 등을 활용한 에듀테크에 관심이 높아지고 있다. '에듀테크(EduTech)'는 교육(Education)과 기술(Technology)의 합성어로, 교육에 정보 통신 기술(Information & Communication Technology, ICT)을 활용하여 기존의 교육 서비스를 보완 및 개선하거나 새로운 교육 서비스를 제공하는 차세대 교육 산업을 지칭한다.

빅데이터나 인공지능, 가상 현실 등을 교육 영역에 접목시켜 이전과는 차별화된 교육 서비스를 제공하는 글로벌 에듀테크 시장은 미국 교육 시장 조사 기관인 홀론아이큐(HolonIQ)에 따르면, 2020년 2270억 달러, 2025년에는 4040억 달러로 연평균 16.3%의 성장률을 기록할 것으로 전망된다(한국과학기술정보연구원, 2022). 에듀테크 산업은 교육 환경이 오프라인에서 온라인으로, 대면 교육에서 비대면 교육으로 전환되면서 학습 수요가 증가하였고, 현재에는 인공지능의 등장과 확산, 시장적 가치와 미래 성장 가능성에 대한 기대감이 높아지면서 급격하게 성장하고 있다.

이에 교육계도 인공지능 기반 에듀테크에 그 관심을 집중하고 있다(최서윤, 2023). 인공지능 기술이 빠르게 발전하면서 그 시대에 대응하고 적응력을 갖춘 인재를 양성해야 한다는 교육적 중요성이 커지고 있기 때문이다. 지금의 세대가 디지털 기기에 친숙한 디지털 세대라는 점에서 인공지능 기반 에듀테크 교육용 플랫폼을 익숙하게 활용할 수 있다는 세대적 특성 역시 중요한 원인 중 하나다. 에듀테크에서 인공지능의 활용 영역은 대면 교육에서 이루어지는 대부분의 과정을 커버하는데, 학생 데이터 정리에서부터 분석, 시험 문제 출제 및 평가 등에 이르기까지 적용 가능하다. 특히 인공지능 기반 에듀테크의 혁신은 (1) 학생들의 평가 결과에 기초한 맞춤형 학습 추천 및 제공, (2) 학습 진행 상황 관찰을 통한 적합한 학습 주제 구성, (3) 성과 분석을 기반으로 취약한 학습 분야나 주제에 대해 문제 해결을 위한 다양한 교육 자료 지원 및 제공이 가능하다.

특히, 학생들의 감정 상태를 확인하고 상대적으로 파악하기 어려운 심리 상태 변화를 보여 주는 기술이 개발되어 교수자는 겉으로 드러나지 않는 학생들의 기분이나 감정을 그래프로 체크할 수 있어 학생들과 세밀한 교류가 가능하다(최다현, 2024.2.4). 이에 따라 인공지능 기반 에듀테크의 교육적 활용은 학생의 특성과 진단 결과를 고려한 개인 맞춤형 학습, 모든 학생의 디지털 학습 자원과 학습 기회에 대한 접근을 보장함으로써 포용성 및 형평성이 확보되고, 교수자의 교수 활동 지원과 피드백 제공을 통한 교수 학습의 질 향상, 교육 부문의 각종 절차에 대한 효율성 증진과 그에 따른 혁신 가능성 제고라는 교육의 잠재성을 향상한다는 점에서 높은 교육적 가치를 지닌다.

이와 같이 인공지능 기반 에듀테크는 교육에 대한 새로운 가능성을 열어 주지만, 기술 특유의 파괴적 속성 역시 간과할 수 없다. 이에 인공지능 기반 에듀테크의 교육적 가치를 제고하기 위해서는 선행적으로 해결해야 할 문제 역시 만만치 않다. 이를 정리하면 다음과 같다(OECD, 2023).

첫째, 디지털 도구에의 접근과 연결성에서 불평등이 존재하고, 그에 따라 디지털 격차 혹은 인공지능 격차가 발생할 수 있다. 특히 가정에서 사용할 수 있는 디지털 도구와 연결성 문제는 과거 코로나-19에 의한 원격 교육 시행 중에 부각된 문제이기도 하다. 이외에도 지방 정부나 학교, 교사, 사회 계층 간에도 동일한 문제가 나타날 수 있다. 둘째, 인공지능이 가지는 편향성을 경계해야 한다. 인공지능 기반 에듀테크 역시 인공지능 알고리즘에 기반하므로 그에 따른 편향성이 발생할 수 있다. 이는 소수 혹은 특정 집단에 대해 불리하게 작동하여 체계적이고 자동화된 방식으로 편향을 복제함으로써 불공정하고 차별적인 결과를 초래할 수 있다. 셋째, 디지털 교육 생태계의 파편화는 비효율성을 증가시킬 수 있다. 즉, 대부분의 교육 관련 기술 플랫폼이나 제품은 다른 부분에서 설계된 솔루션을 교육적 제품에 적용한 파생품이라는 한계를 지니므로 교수자나 학습자의 관심이 약화되거나 혼란이 발생할 수 있다. 넷째, 교수자나 학생들의 개인정보 및 데이터 보호 문제가 발생할 수 있다. 특히 학생들의 개인정보나 관련 데이터는 개개인의 성격이나 성향, 학습 태도, 성적 및 학습 성취, 교육 경로, 사회적 배경 등 광범위하고 민감한 문제를 포함하므로 언제라도 사생활 침해로 이어질 수 있는 가능성을 내포한다.

참고문헌

김호원 외(2020.12.28). 코로나19와 디지털 전환, 2020년 회고와 2021년 전망. 소프트웨어정책연구소, https://spri.kr/posts/view/23129?code=data_all&study_type=industry_trend

조승한(2021.11.4). 학교 휴교 코로나19 막는 효과 없었다. 동아사이언스, https://m.dongascience.com/news.php?idx=50357

최다현(2024.2.4). [AI와 교실의 미래] 에듀테크도 AI가 대세… "수업

발전시킬 아이디어 얻어". 전자신문, https://www.etnews.com/20240202000257

최서윤(2023.5.2). 에듀테크 시대의 사회성·감성 교육. 교육을 바꾸는 사람들, https://21erick.org/column/10503/

한국과학기술정보연구원(2022). 에듀테크(Edutech) 산업동향 및 전망. ≪ASTI Market insight≫, 1-6.

Braun, A., et al.(2020). Rethinking education in the digital age. *European Parliamentary Research Service.* https://www.europarl.europa.eu/RegData/etudes/STUD/2020/641528/EPRS_STU(2020)641528_EN.pdf

OECD(2021). The state of school education: One year into the covid pandemic. https://www.oecd.org/en/publications/the-state-of-school-education_201dde84-en.html

OECD(2023). OECD Dgital education outlook 2023. https://www.oecd.org/en/publications/oecd-digital-education-outlook-2023_c74f03de-en.html

04
인공지능과 교육 패러다임 변화

교육 현장에서 기술과 교육의 통합이 이미 학교 시스템 전반에 걸쳐 확장되고 온라인 교육 자체가 새로운 교육 패러다임으로 자리매김하고 있는 상황에서, 인공지능이라는 첨단 기술을 통해 다양하고 풍부한 학습 경험과 교육 환경 제공은 미래 사회에 필요한 역량을 갖추는 중요한 기반이 된다. 인공지능의 빠른 발전과 확산은 현대 교육 환경에 혁신적인 변화의 물결을 만들어 가면서 인공지능 기반 새로운 교육 패러다임을 추동하고 있다.

AI와 사주?

인공지능의 교육적 활용과 논쟁

인공지능이 등장하기 전부터 교육 분야에서는 이미 디지털화(Digitalization)가 거부할 수 없는 거대한 트렌드가 되었다(고예진, 2023.12.3). 교육을 촉진하기 위하여 디지털 기술이 광범위하게 사용되었고, 고등 교육에서부터 직무 훈련이나 직업 교육, 인터넷 플랫폼에 이르기까지 교육 스펙트럼 전반에 걸쳐 적용되었다. 예컨대, 디지털 교육 자료를 구성하고 배포하는 데 허브 역할을 수행하는 학습 관리 시스템(LMS), 대화형 또는 멀티미디어가 풍부하게 적용된 교육 콘텐츠를 만들고 배포하는 e-러닝 및 멀티미디어, 스마트폰이나 태블릿 PC와 같은 모바일 기기를 통해 언제, 어디서나 원하는 시간과 장소에서 교육 콘텐츠에 접속하여 상호 작용할 수 있는 모바일 학습 이외에도 온라인 토론 게시판이나 소셜 네트워크 인터페이스, 화상회의 및 협업 등을 위한 각종 공유 플랫폼, 그리고 학생 및 교사, 전문가들이 상호 작용할 수 있는 소셜 러닝과 협업 툴, 학생들의 진행 상황과 수업의 효율성 개선을 위한 정보 수집 및 활용 등이 가능한 학습 분석 및 데이터 기반 관리 등이 디지털 기술의 적용으로 가능해진 교육 혁신이라고 할 수 있다(Lakshmi et al., 2023). 교육 도구로서 디지털 기술의 부상은 교육을 보다 유연하고 상호 작용적이며 개별적으로 만들어 학생들이 다양한 자료에 접속하고 멀리 떨어져 있는 친구나 교사와 협력 학습이 가능하게 함으로써 교육에 대한 접근성을 높였다는 점에서 혁신적인 사례로 받아들여진다.

이제는 인공지능의 출현으로 인해 교육 분야에서의 혁신이 더욱 가속화될 전망이다. 인공지능은 넓은 의미에서 디지털 기술에 기반하지만, 한편으로는 현존하는 디지털 기술과는 그 궤를 달리한다. 이는 인공지능이 인간의 사고 능력을 모방하고, 자료를 수집하여 문제를 해결하는 데 합리적이고 논리적인 의사 결정을 이루어낼 수 있는 능력을 통해 인간의 지성이 작동하는 방식, 즉 인간과 유사한 사고 능력을 보여 주기 때문이다(빈규홍, 2019). 그러므로 정보를 축적하고 재배치하는 능력을 인공지능이 담당하게 되면서 인간은 축적되고 배치된 정보를 바탕으로 얼마나 새로운 가치를 만들어 내느냐가 중요한 관건이 된다(최민성, 2021). 그리고 우리 사회에서 창의성이 중요해지는 이유이기도 하다.

영국의 수학자인 앨런 튜링(Alan Turing)은 "컴퓨팅 기계와 지성(Computing Machinery and Intelligence)"이라는 논문을 통해서 기계(컴퓨터)가 사람처럼 생각할 수 있다는 의견을 제시하고, "사람이 컴퓨터와 대화를 나누는 과정에서 컴퓨터의 반응을 진짜 인간의 반응과 구별할 수 없다면 그 컴퓨터는 생각할 수 있는 것"으로 간주하였다. 이를 인공지능에 적용하면 과학적 의미에서 인공지능은 '사고하는 기계'의 범주에 포함된다. 이에 인공지능이 향후 교수자를 대체할 수 있다는 주장은 전혀 신빙성 없는 이야기가 아니다. 디지털 기술의 예에서 알 수 있듯이, 데이터베이스를 기반으로 하는 디지털 기술은 유용한 정보의 추출과 축적, 연산 등을 통해 교수자 영역의 다양한 부분들(학생 교육 및 평가, 학생지도 및 관리, 각종 행정 업무 및 계획 수립과 실행 등)을 보완 내지는 대체하였다. 같은 맥락에서 인공지능 역시 교수나 학습 영역에서 디지털 기술보다 더 많은 부분을 변화시키고 대체할 수 있다.

새로운 기술의 교육적 활용은 시기나 방법에 있어 다르지라도 언제나 교육 분야의 주요 이슈나 논란의 대상이 되어 왔다는 점에서 인공지능의 교육적 활용 역시 매우 중요한 이슈가 된다. 인공지능의 교육적 활용에 대한 우려와 논쟁은 치열한 양상을 보인다(Dwivedi et al., 2023). 인공지능의 교육적 활용에 대한 긍정적 관점은 교육 목표가 결과적으로 개인의 성장과 발전에 있다는 것에서 출발한다. 어느 사회든 교육목표에 깔려 있는 대전제는 개인의 성장과 발전이다. 개인이 가진 고유한 잠재력을 발화시켜 극대화되도록 기회를 제공하거나 돕는 것이 현실적인 교육 목표이며, 개인의 성장과 발전은 자신뿐만 아니라 사회와 국가의 경쟁력을 제고하고, 글로벌 파워를 결정하는 원동력이자 자산이 된다. 그러므로 인공지능은 개인의 성장과 발전에 특화된 수단일 수 있으며, 교육적 측면에서 인공지능의 강점은 개개인의 능력과 수준에 부합하는 맞춤형 교육을 제공하기 때문에 개인의 성장과 발전에 기여할 수 있다는 것이다. 반면에 인공지능의 교육적 활용에 대한 부정적 관점은 인공지능이 가지는 잠재적 위협과 관련된다. 그 핵심에는 인공지능이 교육 부문을 붕괴시킬 것이라는 우려나. 이러한 우려의 주된 근거에는 지식의 생산성에 대한 인공지능의 걷잡을 수 없는 영향력에 있다. 예를 들면 생성형 인공지능(Generative AI)은 기존의 데이터를 분석하는 것에서 끝나는 것이 아니라 아예 새로운 데이터를 생성해 낸다. 특정 패턴을 인식하고, 이를 기반으로 새로운 무언가를 만들어 낸다.

따라서 인공지능은 지식의 생산성을 강화하기도 하지만 약화하기도 한다는 것이다. 여기서 문제가 되는 지점은 지식의 생산성 강화 주체가 인공지능이며, 지식의 생산성 약화 주체는 인간이라는 점이다. 쉽게 말하자면, 인공지능이 지식의 생산과 유통, 활용 등 모든 과정을 인간을 대신하여 수행하고, 가까운 미래나 먼 미래에는 지식 생산 자체가 인공지능으로 완전히 넘어갈지도 모르는 상황이 도래할 수 있다는 것이다.

인공지능은 지금까지 개발된 첨단 기술 중 의심할 여지 없이 가장 혁신적인 기술이다. 이전에는 접하거나 경험해 보지 못한 오로지 SF영화 속에서나 볼 수 있었던 상상 속의 기술이었기에 현실화된 지금 개인과 조직, 사회 모두에게는 중요한 기회이자 도전이 된다. 인공지능은 다양한 분야에서 생산성을 크게 향상한다. 동시에 많은 윤리적, 도덕적, 실용적, 정책적 도전을 유발한다. 특히 교육 분야에서 인공지능과 관련된 현실적 문제는 인공지능의 가이드라인(Guideline)과 윤리 강령(Code of Ethics)이 제대로 형성되어 있지 않다는 점이다. 인공지능이 교육 도구로써 고의로 오용되거나 남용될 때 해당 가해자에게 법적 제재를 가할 것인가에 대한 문제 역시 정부나 교육 당국이 처한 중요한 현실적 과제가 된다.

인공지능과 교육 패러다임 변화

교육의 본질이 다음 세대에게 미래를 살아갈 수 있는 방법을 전달하고 안내하는 데 있다면, 인간처럼 사고하고 지성을 갖춘 인공지능과 동시대를 살아가야 하는 미래 세대에게는 인공지능이라는 새로운 변화에 대비하고 적응할 수 있는 역량을 갖출 수 있도록 해야 한다. 교육 현장에서 기술과 교육의 통합이 이미 학교시스템 전반에 걸쳐 확장되고 온라인 교육 자체가 새로운 교육 패러다임으로 자리매김하고 있는 상황에서 인공지능이라는 첨단 기술을 통해 다양하고 풍부한 학습 경험과 교육 환경 제공은 미래사회에 필요한 역량을 갖추는 중요한 기반이 된다(유상미, 2024).

인공지능의 빠른 발전과 확산은 현대 교육 환경에 혁신적인 변화의 물결을 만들어가면서 인공지능 기반 새로운 교육 패러다임을 추동하고 있다. 인공지능 알고리즘과 교육용 로봇은 다양한 교수 및 학습 활동을 지원하는 학습 관리 및 훈련 시스템에 필수적인 요소가 되고 있다(Costa et al., 2017). 교육에서 인공지능은 프로그래밍, 언어 학습을 포함하여 다양한 과목에 걸쳐 개인화된 학습 지원과 지능적인 피드백을 제공한다(Bicknell et al., 2023). 이를 통해 인공지능 시스템을 사용하는 학습자들의 학습 경험을 개선해나가는 데 활용된다. 또한 인공지능 기반 학습 관리 시스템(LMS)을 통해 지능형 콘텐츠를 제작하거나 행정 업무의 자동화 등 교수자 학습 활동 지원을 위한 다양한 기능을 제공한다.

인공지능의 교육적 활용은 분명한 강점을 지닌다. 인간의 언어를 보다 정확하게 해석하고 시각정보를 해석해 내는 능력은 인간보다 탁월하다. 인간의 커뮤니케이션에서 언어적 요소가 30~35%, 비언어적 요소가 65~70%의 비중을 차지하는 것을 감안하면 인공지능은 인간의 언어와 시각 정보의 탁월한 해석을 통해 사람들의 감정 상태를 파악하고, 활동이나 행동 등 상당 부분을 예측해 낼 수 있다.

실제로 시카고대학교 연구진은 인공지능에게 구획별 범죄 데이터를 학습시키고 학습 기간 이후 범죄 발생률을 예측하는 실험을 실시하였는데, 인공지능의 범죄 발생 가능성 예측의 정확도는 무려 90%에 달하는 것으로 나타났다(한귀영, 2022.8.8). 이러한 부분이 인공지능의 교육적 강점을 이끌어 내는 메커니즘이라고 할 수 있는데, 학습자의 행동을 관찰하고 학습하며 평가하고 예측하는 것을 통해 그때그때 상황에 따라 자동으로 필요한 도움을 줄 수 있고, 다음의 학습 단계를 예측하여 제공할 수 있는 것이다.

인공지능이 교육 분야 전반에 걸쳐 상당한 영향을 미칠 것이라는 예측은 이론의 여지가 없을 정도로 확고하다. 학습자의 개별적 필요와 수준에 맞춰 학습 경험을 조정하는 적응형 학습(Adaptive Learning)에서부터 개인화된 학습(Personalized Learning), 자기 주도 학습(Self-Directed Learning) 등 광범위한 학습 수단을 지원하고, 학습자의 교육 경험을 풍부하게 할 수 있다(Rahman & Watanobe, 2023). 이 중에서 인공지능의 주목할 만한 교수 및 학습 방식의 혁신은 적응형 학습이다. 적응형 학습은 개인별 학습 수준과 특성, 흥미 등을 고려한 맞춤형 학습 경험을 제공하는 학습 방식으로써 학생의 학습 스타일과 속도에 맞는 교육 내용을 제공하고, 학습 과정에서 발생하는 데이터를 실시간으로 모니터링하고 분석하여 부족한 학습 부분을 개선함으로써 학생의 강점과 약점을 분석, 그에 맞는 학습 경로를 제공한다. 또한 즉각적인 피드백을 바탕으로 학습 효율을 극대화하고 학습자의 학습 목표와 요구에 맞는 다양한 학습 콘텐츠를 제공하여 학습 참여를 유도하는 한편 학습 동기를 강화할 수 있다(유상미, 2024).

그러므로 적응형 학습은 동일한 수업을 동일한 시간

대에 모든 학생들에게 일률적으로 제공하는 전통적인 수업 모델과는 차별화되며, 인공지능을 기반으로 교육 혁신의 새로운 가능성을 열어주고 있다. 적응형 학습의 혁신적 특성을 구체적으로 제시하면 다음과 같다 (Lakshmi et al., 2023).

첫째, 개인화된 학습(personalized learning)이다. 각 학생들의 장단점을 분석하고 학습 자료 및 학습 활동에 대한 구체적인 제안을 함으로써 학습 경험을 개인화하는 데 도움을 준다. 둘째, 지능형 튜터링(intelligent tutoring)이다. 평상시 학생들의 수행 통계를 분석하여 강점과 약점을 정확히 파악하고 과제나 학습에 반영하는 맞춤형 지도를 제공한다. 셋째, 가상 시뮬레이션(virtual simulations)이다. 학생들에게 가상 시뮬레이션을 통해 실제와 같은 경험을 제공하여 실질적인 전문 지식을 얻는 데 도움을 준다. 넷째, 데이터 분석(data analytics)이다. 인공지능 기반 데이터 분석 도구를 사용하여 학생들의 성과 추세와 패턴을 파악하여 보완이나 개선을 위한 학습 프로그램에 반영함으로써 학생이나 부모의 요구 사항을 충족시킬 수 있다. 다섯째, 지능형 진로 지도 (intelligent career guidance)다. 학생들이 다양한 진로에 대해 준비하고 관련 분야를 배우는 데 도움을 주며,

학생 개인의 필요나 취미에 따라 추가적인 교육과 훈련을 위한 교육 프로그램을 제안한다.

이상과 같이 개인화된 학습이나 적응형 학습, 자기 주도적 학습 등이 성숙화되면 단순히 정보를 공유하는 것이 아닌 학습 여정에 적극적으로 참여하는 역동적이고 상호 작용적인 학습 환경으로 재탄생할 수 있다. 따라서 기존의 교사 중심의 교육에서 본격적인 학습자 중심의 교육으로 교육 패러다임이 전환될 것이다.

참고문헌

고예진(2023.12.3). AI가 바꾼 교육의 패러다임, 이제 '블렌디드 러닝' 시대. 한국경제신문, https://www.hankyung.com/article/202311239808i#commentsSector

김준환(2019.7.22). [해외대학으로부터 배운다 ASU/인터뷰] 맞춤형 학습(Adaptive Learning) 도입 이후 수학 Fail 비율 42%→22%로 김소. 한국대학신문, https://news.unn.net/news/articleView.html?idxno=202782

민규홍(2019). 인공지능 시대의 인간학과 그 의미. 웹진 기술과 혁신, 432, http://webzine.koita.or.kr/201908

유상미(2024). 인공지능의 발달과 교육의 변화. 웹진 서울교육, 255, https://webzine-serii.re.kr/

최민성(2021.8.27). 인공지능(AI)과 교육. AI타임스, https://www.aitimes.com/news/articleView.html?idxno=140323

한귀영(2022.8.8). “일주일내 범죄 발생 예측 정확도 90%” AI 도입 득될까?. ≪한겨레≫, https://www.hani.co.kr/arti/science/future/1053838.html

Bicknell, K., et al.(2023). How Duolingo's AI learns what you need to learn. https://spectrum.ieee.org/duolingo

Costa, E. B., et al.(2017). Evaluating the effectiveness of educational data mining techniques for early prediction of students' academic failure in introductory programming courses. *Computers in Human Behavior*, 73, pp.247-256.

Dwivedi, Y. K., et al.(2023). Opinion paper: “So what if ChatGPT worte it?” Multidisciplinary perspectives on opportunities, challenges and implications of generative conversational AI for research, practice and policy. *International Journal of Information Management*, 71, 102642.

Lakshmi, A. J., et al.(2023). Artificial intelligence in steering the digital transformation of collaborative technical education. *Journal of High Technology Management Research*, 34, 100467.

Rahman, M. M. & Watanobe, Y.(2023). ChatGPT for education and research: Opportunities, threats, and strategies. *Applied Sciences*, 13(9), 5783.

05
인공지능과 평생교육

평생교육의 중요성은 비단 국내에만 국한되는 것이 아니다. 일찍이 미국을 비롯한 유럽과 일본 등에서는 인구 고령화와 지역 소멸이라는 문제를 예측하고, 그에 대한 핵심 대안으로서 평생교육을 제안하고, 평생교육 자체를 '선택'이 아닌 '필수'이자 생존의 문제로 인식하고 있다. 특히, 급속하게 세계화되는 경제, 기술의 변화, 과거보다 훨씬 복잡해지고 긴급해지는 글로벌 문제들(예, 기후변화 등)에 대응하여 모든 연령대의 시민들에 대한 교육의 필요성이 높아지면서 평생교육은 유엔(UN)으로부터 광범위한 지지를 받고 있다.

AI와 아이돌?

복합적 위기 시대, 평생교육은 '선택'이 아닌 '필수'

우리 사회에서 기후 변화, 저출산, 인구 감소, 고령화, 지역 소멸 등 다양한 문제들이 쏟아져 나오고 있다. 이러한 문제들은 개별적인 것이 아닌 상호 밀접하게 연결되어 있는 복합적 위기 상황을 초래한다. 현재 지역이나 지방은 복합적 위기 시대의 전형을 보여 준다. 저출산에 따른 지역 인구와 학령 인구 감소, 청년층의 수도권 및 대도시권으로의 지역 이탈, 경제 활동 인구 감소, 지역 산업 기반 약화, 일자리 부족, 지역 대학교 충원율 감소에 따른 재정 위기 가속 등 수많은 문제들이 연쇄적으로 작용하고 반응하여 지역 사회 전반으로 확산되고 있다.

가까운 미래에 지역이 소멸될 수 있다는 위기의식은 절대 과장이 아니다. 지역 소멸은 지역 자체만의 문제가 아니며 사회나 국가 전체의 위기다. 대도시나 수도권으로의 지역 인재 이탈이나 유출은 지역 내 생산 가능 인구와 경제 활동 인구의 감소로 이어져 지역 경제가 위축되고 소비 활동이 저하되며, 지역 산업과 일자리 기반이 붕괴되면서 국가 경제 전반의 위축으로 확산된다. 또한 지역 정주 기반을 와해시켜 지역 인구가 줄어들어 지역 소멸의 위기를 가중하고, 교통이나 의료 등 기초적이면서

도 필요한 생활 인프라가 취약해져 지역 주민의 삶의 질이 떨어지고 동시에 지역 공동체의 붕괴로 이어질 수 있다(차미숙, 2024). 이러한 복합적 위기 상황이 발생하는 구조는 의외로 간단하다. 인구가 계속해서 줄어들면 생활과 관련된 서비스가 점차 유지될 수 없게 되며, 인구 감소로 인해 지역의 사회 경제 기반이 약화되어 지역 주민의 생존 기반 자체가 붕괴된다(이민주, 2022). 그러므로 지역의 복합적 위기와 그에 따른 지역 소멸의 주요 원인은 출생아 감소와 청년층의 지역 이탈로 인한 인구 감소라고 할 수 있다.

그러면 인구 감소 문제를 해결할 수 있는 직접적인 대안은 무엇일까? 지역 내 출산율을 높이기 위한 복지 정책을 강화해야 한다는 식의 주장은 당장 시급한 현안으로 떠오르고 있는 지역 인구 감소와 그에 따른 복합적 위기 상황을 해결할 수 없다는 점에서 현실적 대안이라고 할 수 없다. 수도권이나 대도시권에 집중된 인구를 지역으로 유입시키는 방법만이 유일한 대안이며, 그와 동시에 청년층의 지역 이탈을 막을 수 있는 대안 마련을 병행해야 한다. 이를 위한 선결 조건은 지역이 '일하면서 살기 좋은 지역'으로 거듭나야 한다.

매력적인 지역이 되기 위해서는 버스와 지하철 등 대

중교통의 연계와 각종 문화 시설, 부담 없이 즐길 수 있는 저렴한 소비 비용, 종교와 문화, 민족이 조화롭게 어우러지는 다양성, 차별이나 배제가 아닌 포용 및 동반 성장 등 다양한 필수 전제 조건들(이범훈, 2019)이 있으나, 지나치게 당위적이라는 한계가 있다. 사람이 살아가는 데 필요한 사회적, 경제적, 문화적, 오락적 요소와 시설이 모두 갖춰져 있다면 당연히 살기 좋은 매력적인 지역이 되는 건 당연한 이치다.

현실적인 대안으로써 그 해답은 평생교육에서 찾을 수 있다. 지역 내 평생교육의 활성화는 주민들에게 지역의 사회적, 경제적, 문화적 특성에 맞는 학습 기회를 제공하고, 지역민들이 언제, 어디서나, 원하는 학습을 바탕으로 지역의 미래 역량을 효과적으로 키울 수 있는 기반이 된다. 또한 지역 내에 거주하는 정주 인구만을 대상으로 하는 것이 아닌 직장을 다니는 생활 인구로까지 확대함으로써 지역 내 자원을 재구축하고 지역 경쟁력 확보로 이어질 수 있다(임지연, 2023.4.20).

평생교육 체계가 지역에 안정적으로 안착한다면 지역이 맞고 있는 복합적 위기상황을 타계하고 지역 소멸을 방지할 수 있다. 첫째, 지역 내 일자리를 창출하고 경제활동을 높여 인구유출 방지는 물론 지역에 특화된 인재를 육성함으로써 지역의 성장과 자립을 도모할 수 있다. 둘째, 지역의 성장과 자립은 다양한 기업들의 지역 내 유치를 가능하게 함으로써 지역 산업 기반이 건실해지고, 기업의 생산성 향상과 고용 증대로 인해 지역 경제 활성화로 이어져 지역 내 인구 유입이 늘어나는 효과를 유발할 수 있다. 특히, 지역 경제의 활성화는 사회적, 경제적, 문화적 소비 활동을 증대시킴으로써 각종 소비재 및 서비스 산업이 활성화되어 지역 인프라가 개선되고 발전하는 기회로 작용할 수 있다.

이와 같이 평생교육의 중요성은 비단 국내에만 국한되는 것이 아니다. 일찍이 미국을 비롯한 유럽과 일본 등에서는 인구 고령화와 지역 소멸이라는 문제를 예측하고, 그에 대한 핵심 대안으로서 평생교육을 제안하고, 평생교육 자체를 '선택'이 아닌 '필수'이자 생존의 문제로 인식하고 있다. 특히, 급속하게 세계화되는 경제, 기술의 변화, 과거보다 훨씬 복잡해지고 긴급해지는 글로벌 문제들(예, 기후변화 등)에 대응하여 모든 연령대의 시민들에 대한 교육의 필요성이 높아지면서 평생교육은 유엔(UN)으로부터 광범위한 지지를 받고 있다(Tan, 2017). 이에 따라 우리나라를 포함하여 미국이나 유럽, 일본 등 주요 선진국들은 교육 정책에 있어서 평생교육을 지원하고 개선하는 데 적극적인 노력을 기울여왔다. 이미 1970년대 초에 유네스코(UNESCO)가 구성한 전문가 그룹(Working Group)에 의해 평생교육이 시민들의 자발적 참여와 민주적 활동으로 이루어지고, 시민 개개인의 발전과 경제적 생산성을 유지할 수 있도록 재숙련을 지원하기 위한 이니셔티브(Initiative)로 제안되었고(Gaydos & Kumar, 2024), 유럽에서는 직업에 대한 접근이 용이하도록 직업 훈련과 기업 간 협력 증진, 그리고 모든 근로자에 대한 차별 없는 직업 훈련 접근성 보장 및 실업자 재교육, 장애인을 포함한 모든 사람들의 기술 및 전문교육 촉진, 기술의 진화와 새로운 시장의 출현에 따른 고용주와 근로자의 요구 사항에 입각한 훈련보장과 촉진 등이 규정되어 현재에 이르고 있다(Kanuru & Priyaadharshini, 2020).

고등 교육 대전환과 평생교육의 새로운 도약, 키워드는 인공지능

고등 교육 기관들은 미래 교육 목표를 설정하고 실행함으로써 지속 가능한 미래 사회 구축에 핵심적 역할을 한다(Borsatto et al., 2024). 지속 가능한 미래 사회는 인간이면 누구나 성별이나 연령, 계층, 인종 등에 구애받지 않고 존엄한 삶을 살아가야 한다는 가장 기본적이고 근본적인 목표에 기반을 둔다. 차이(Difference)나 차별(Discrimination) 없는 존엄한 삶이 보편적인 삶으로서의 가치를 가져야 한다는 의미다. 이에 미래를 짊어지고 나아가야 하는 세대의 교육의 중요성이 강조된다. 하지만 저출산과 인구 감소, 고령화, 지역 소멸 등 우리 사회 전반에서 발생하는 문제들은 고등 교육 정책에 있어서 평생교육의 중요성을 재인식하는 계기가 되고 있다.

평생교육은 개인의 성장을 위한 지속적이고 자기 주도적 학습이라는 의미가 있다. 자신이 속한 사회에서 필요한 기본 지식과 기술을 습득하고, 타인의 의지가 아닌 자신의 의지에 따라 주도적으로 배우고 학습하며, 자기 발전을 추구하는 것이 평생교육의 핵심이다(Mendes et al., 2024). 이는 평생교육에서 개인의 자기 주도적 참여와 의지가 중요하고, 이를 위해 개인화된 학습 경험을 통해 학습 효과를 향상할 수 있는 교육 방식으로 가야 할 필요가 있음을 의미한다.

학습자 개인에게 평생교육 참여의 궁극적 목적은 결국 자기 계발과 발전이다. 사람은 자신의 성장을 위해 지식을 탐구하고 자신을 둘러싼 환경을 통해 지속적으로 학습한다(De Houwer et al., 2013). 이에 평생교육적 측면에서 학습자들에 대한 교육에 있어 첨단 기술을 도입하고 활용하는 것에 대한 적극적인 입장을 취할 필요가 있다. 즉, 변화된 사회적, 기술적 환경을 회피하는 것이 아니라 적응할 수 있도록 촉진하여 이전 지식을 유지하고 다양한 분야에서의 새로운 정보를 유지, 통합시켜나갈 수 있는 적극적 기회 요인으로 삼아야 한다.

이 같은 관점에서 평생교육은 인공지능을 통해 새로운 도약의 기회를 맞이할 수 있다. 4차 산업 혁명의 등장으로 다양한 산업에서 보다 정밀한 첨단 기술을 사용할 수 있게 되면서 블록체인이나 빅데이터, 사물인터넷, 인공지능 등은 이전보다 진보된 새롭고 효율적인 방법을 가능하게 하는 수단이 되고 있다. 그중에서 인공지능은 자원 관리와 데이터 분석, 생산 및 소비 패턴 분석을 자동화하여 지속 가능성을 보장하는 핵심 기술로 간주된다(Nishant et al., 2020; Filho et al., 2022).

인공지능의 데이터 관리와 분석 능력은 평생교육 측면에서 학습을 개인화하는 데 도움이 된다. 학습자의 개별 데이터를 분석하여 맞춤형 학습 경로를 생성하고 그에 따라 콘텐츠와 속도를 조정할 수 있다. 이러한 개인화된 방식은 학습자의 참여와 이해도를 향상해 특정 요구사항을 충족하고 보다 효과적인 학습 과정을 보장한다.

그러므로 인공지능은 다양한 학문적 배경을 가진 학습자들을 서로 연결하고 문제 해결을 위한 협업을 장려하는 데 중요한 역할을 할 수 있다(Kar et al., 2022). 또한 교수자가 특별한 요구나 학습상 어려움이 있는 학생들에 대해 보다 적절한 학습이 이루어질 수 있도록 전문적 환경을 조성하는 데 활용될 수 있으며(Borsatto et al., 2024), 학습자에 대한 다양한 동기를 파악하고 그에 맞는 유연한 학습 프로그램을 추천하거나 구축함으로써 학습자의 평생교육에 대한 접근성을 향상할 수 있다(Mendes et al., 2024). 특히, 인공지능은 미래의 산업석 요구와 수요를 예측하여 현재의 다양한 자원을 활용하여 필요한 정보와 지식을 전달하고, 학습할 수 있는 기회를 제공하여 미래 인재를 양성하는 데 기여할 수 있다. 따라서 인공지능은 산업적 측면에서 현재와 미래를 연결하는, 이른바 순환 경제를 촉진시키는 효율적 메커니즘(Kar et al., 2022)으로 작동할 수 있으며, 교육적 측면에서는 미래를 대비하는 차원에서 여타 많은 산업 분야의 전문 인재를 양성하는 데 효과적인 수단이 될 수 있다.

지금 인공지능의 평생교육과 관련된 다양한 효과성을 정확하게 예측하는 건 어려운 일이다. 인공지능이 거의 전 분야에서 빠르게 확산하고 있다는 점은 부인할 수 없는 사실이지만 평생교육을 포함한 전 분야를 새롭게 구성하고 변화시키는 데는 상당한 시간이 소요될 것이기 때문이다. 현시점에서 인공지능은 인간의 판단을 보조하는 수단에 머무르고 있으나 보다 진보된 미래에는 인간과 동등한 수준에서 판단을 내리는 위치로 새롭게 자리매김될 가능성이 높다.

따라서 인공지능이 평생교육 분야에 가져올 사회적 파급 효과를 심도 있게 고민하고 그에 따라 파생될 문제를 보완하고 어떻게 개선할 것인가에 대한 심층적 논의가 이루어져야 한다. 이에 교육자는 인공지능의 활용에 있어 학습자의 참여와 몰입을 최적화할 수 있는 메커니즘 관련 지식을 개발하고, 이에 대한 이해와 효율적 활용을 통해 학습자의 성장을 돕고 명확한 목적 의식을 심어줄 수 있도록 해야 하며, 정책 입안자는 모든 학습자들에게 평등한 교육기회가 부여되고, 교육적 개발과 사용에 있어 차별이나 배제, 편견, 불평등과 같은 문제가 발생하지 않도록 안전하고 책임 있는 관리가 이루어져야 할 것이다. 이를 위해서는 인공지능을 교육적 목적으로 개발하거나 시스템을 구축하는 연구진이나 실무진들, 그리고 교육적 목적을 위해 사용하는 교수자들에 대한 엄격한 규제와 높은 수준의 도덕적, 윤리적 책임 의식을 요구하고, 이를 함양할 수 있도록 관련 법안을 마련하거나 교육을 병행하는 노력들이 이루어져야 할 것이다.

참고문헌

이민주(2022). 『인구감소시대, 지역은 정말 소멸할까?: 지방소멸위기지역의 현황과 대안 살펴보기』. 공공의제연구소 오름.

이범훈(2019.9.17). 미래 도시의 필수 전제 조건. 인천in, https://www.incheonin.com/news/articleView.html?idxno=50585

임지연(2023.4.20). 평생학습도시 재구조화, 지방소멸 전략적 대안 될까. 한국대학신문, https://news.unn.net/news/articleView.html?idxno=545449

차미숙(2024.2.1). 지방소멸, 왜 문제인가? 어떻게 대응해야 하나?. 월간복지동향, https://www.peoplepower21.org/welfarenow/1957053

Borsatto, J. M. L. S., et al.(2024). Aligning community outreach initiatives with SDGs in a higher education institution with artificial intelligence. *Cleaner and Responsible Consumption, 12*, 100160.

De Houwer, J., et al.(2013). What is learning? On the nature and merits of a functinal definition of learning. *Psychonomic Bulletin & Review, 20*(4), pp.631-642.

Filho, L. W., et al.(2022). Deploying artiticial intelligence for climate change adaptation. *Technological Forecasting and Social Change, 180*, 121662.

Gaydos, M. & Kumar, V.(2024). Toward lifelong learning and play. *Learning and Instruction, 93,* 101940.

Kanuru, S. L. & Priyaadharshini, M.(2020). Lifelong learning in higher education using learning analytics. Procedia Computer Science, 172, *9th World Engineering Education Forum, WEEF 2019,* pp.848–852.

Kar, A. K., et al.(2022). How can artificial intelligence impact sustainability: A systematic literature review. *Journal of Cleaner Production, 376,* 134120.

Mendes, A., et al.(2024). Approaching lifelong learning: An integrated framework for explaining decision–making processes in personal and professional development. *Trends in Neuroscience and Education, 35,* 100230.

Nishant, R., et al.(2020). Artificial intelligence for sustainability: Challenges, opportunities, and a research agenda. *International Journal of Information Management, 53,* 102104.

Tan, C.(2017). Lifelong learning through the SkillsFuture movement in Singapore: Challenges and prospects. *International Journal of Lifelong Education, 36*(3), pp.278–291.

06
인공지능과 평생교육 혁신

평생교육 혁신은 모든 학습자들이 인공지능이라는 혁신적 기술을 통해 얻을 수 있는 이익과 기회를 안전하게 보장받을 수 있도록 지원하는 방향으로 이루어져야 한다. 인공지능의 평생교육적 활용은 교수 및 학습 전반에 일대 혁신을 불러일으킬 것이라는 기대감이 있으나, 인공지능 기술의 발전에 따른 위험은 불가피하다. 따라서 인공지능 기술의 접목을 통한 이점은 극대화하되, 위험 요소를 완화하기 위한 사회적, 제도적, 교육적, 정책적 노력이 동시에 이루어져야 한다.

AI와 야구?

인공지능이 불러일으킬 평생교육 혁신

교육 분야에서 혁신(innovation)은 언제나 중요한 화두가 된다. 교육에 따라 국가의 운명이 결정되는 만큼 미래를 이끌어 나갈 인재를 양성한다는 것은 중요한 교육적 목표이기 때문이다. 이에 교육 혁신은 현실을 진단하고 문제를 파악해서 미래를 예측하고 대안을 제시할 수 있는 사회 과학적 메커니즘에 기초하여 미래에 적극적으로 대응할 수 있는 인재 구현과 지속 가능성을 확보하기 위한 교육 환경 개선에 초점을 둔다. 전술한 바와 같이 교육 분야에서 인공지능의 활용은 여전히 뜨거운 논쟁거리 중 하나이지만, 기존의 획일적인 주입식 교육에서 벗어나 개별 학습자 수준에 맞는 맞춤형 교육을 가능하게 할 것이라는 기대감 역시 높은 편이다.

인공지능을 활용한 교육은 학습자 개개인의 학습 수준과 상황을 사전에 파악하고 적절한 대응을 제공하여 학습자 개인의 수준별 맞춤형 학습이 가능하다는 점에서 이전의 전통적인 교육 방식과는 분명히 차별화된 방식이다. 이에 평생교육 분야에서도 인공지능의 교육적 활용에 대한 공감대가 일정 부분 형성되어 있지만, 아직까지는 제대로 된 논의가 이루어지지 않고 있다. 하지만 인공지능의 평생교육 혁신은 언제라도 노정되어 있기 때문에 평생교육 측면에서 인공지능이 불러올 교육 혁신 논의를 통해 그 방향성을 면밀히 살펴볼 필요성이 있다. 인공지능이 불러올 평생교육 혁신은 미국 연방 정부의 규칙이나 공고 등에 대한 정보를 제공하는 공식 저널에서 일부 엿볼 수 있다.

> “인공지능은 새로운 일자리와 산업을 창출함에 따라 모든 시민들이 인공지능이 창출하는 기회에 접근할 수 있도록 직무 훈련과 교육을 조정하고 시행하고자 하는 노력을 해야 한다. 모든 일터에서 인공지능이 일자리의 질을 약화하고, 노동자를 부당하게 감시하며, 공정한 시장 경쟁을 약화하거나 노동자의 건강 및 안전과 일할 수 있는 권리를 위협하는 방식으로 활용되어서는 안 된다. 특히, 인공지능의 개발은 노동자의 삶을 개선하고, 일자리를 늘리며, 모든 사람들이 기술 혁신의 이익과 기회를 안전하게 누릴 수 있도록 지원되어야 한다.” (Federal Register, 2023.11.1)

그러므로 평생교육 혁신은 모든 학습자들이 인공지능이라는 혁신적 기술을 통해 얻을 수 있는 이익과 기회를 안전하게 보장받을 수 있도록 지원하는 방향으로 이루어져야 한다. 인공지능의 평생교육적 활용은 교수 및 학습 전반에 일대 혁신을 불러일으킬 것이라는 기대감이 있으나, 인공지능·기술의 발전에 따른 위험은 불가피하다. 따라서 인공지능 기술의 접목을 통한 이점은 극대화하되, 위험 요소를 완화하기 위한 사회적, 제도적, 교육적, 정책적 노력이 동시에 이루어져야 한다. 지식은 기술의 발전 속도에 맞춰 빠르게 변화하고 있고, 그에 따라 일부 지식은 쓸모없거나 효용성이 다하여 빠르게 사장(Manea, 2014)되고 있다. 학습자 개인이 평생교육을 통해 자신의 지식과 기술 및 역량을 지속적으로 업데이트하고 업그레이드해야 하는 이유다.

평생교육에서 인공지능의 교수-학습 혁신은 어떤 형태로 이루어질까? 간단하게 정리하면, 인공지능은 학습자들의 기존 기술과 지식을 평가하고, 격차를 식별하며, 이러한 격차를 해결하기 위한 특정 과정이나 모듈을 추천한다. 이를 통해 학습자는 개선이 필요한 영역에 집중하여 학습을 더욱 효과적으로 이어갈 수 있다(Fidalgo & Thormann, 2023). 교수자는 과제를 설계 및 할당하고 피드백을 제공하며, 인공지능에 의해 생성된 교실에서 상호 작용을 효과적으로 제어하고 관리할 수 있다. 또한 인공지능 알고리즘은 자동 채점을 지원하고 학습 자료에 대한 개별화된 추천을 제공하며, 학습자 데이터를 분석하여 성과와 성장에 필요한 대안을 제시하며(Srivastava, 2024), 인공지능으로 강화된 학습 분석은 보다 포괄적인 데이터 분석을 제공하여 교수자가 학습자의 행동과 요구 사항을 이해하는 동시에 학습 과정상 어려움에 처한 학습자를 코스 초기에 식별할 수 있도록 지원할 수 있다. 행정 업무와 관련하여서도 일정, 등록 및 재정 지원 관리와 같은 행정 업무를 간소화하여 행정 직원들의 귀중한 시간을 확보하고 오류를 줄일 수 있다(Misha, 2024). 하지만 인공지능을 평생교육에 통합하는 것은 데이터 프라이버시, 보안 및 알고리즘의 편향 가능성을 포함하여 윤리적 사용에의 우려가 제기될 수 있다. 또한 인공지능이 개인화된 학습 경험을 향상할 수 있지만 인공지능 기반 플랫폼을 통해 제공되는 교육의 질이 향상될 것이라는 근거 자료가 부족하다.

따라서 인공지능의 평생교육적 활용을 위해서는 다음과 같은 일정한 가이드라인이 필요할 것이다. 첫째, 학습자가 원하는 학습 목적과 목표를 명확히 파악해야 한다. 둘째, 학습자의 학습 목적과 목표가 수립되면 그에 대한 인공지능의 역량을 점검해야 한다. 이를 통해 학습자가 자신이 설정한 학습 목적과 목표를 달성하는 데 도움이 될 특정 기술과 지식을 결정한다. 셋째, 학습자의 인공지능 활용 수준에 대한 평가를 통해 필요한 기술과 지식을 갖출 수 있도록 관련 교육을 실시해야 한다. 넷째, 학습자에게 지속적인 학습 기회를 제공하고 최신 기술과 트렌드를 따라갈 수 있도록 장려해야 한다. 다섯째, 인공지능의 성공적인 교육적 활용을 위해서 학습자, 교수자, 전문가 등이 상호 협업하고 지식을 공유할 수 있도록 해야 한다. 이를 위해 온라인 포럼이나 채팅 플랫폼 등 커뮤니케이션 및 협업 채널을 구축해야 한다. 여섯째, 교육 프로그램의 성과를 평가하고, 그 결과와 후속 조치(환류)를 학습자들에게 제공해야 한다. 일곱째, 인공지능 기반 평생교육 커리큘럼에서 정서적 지능과 적응력 개발을 우선시하는 것이 필수적이다. 공감이나 배려 등과 같은 인간적인 기술은 본질적으로 인공지능으로 대체할 수 없다. 현대 사회에서 공감이나 배려 등과 같은 기술은 매우 중요한 요소로, 공감이나 배려, 감정 등을 포괄하는 감성 지능은 다양한 환경에서 효과적인 커뮤니케이션과 리더십, 협업에 필수적이다. 또한 적응력은 개인이 급격한 기술 및 사회 변화 속에서 탐색하고 발전할 수 있는 회복력과 혁신적 사고를 촉진시킨다.

인공지능과 개인화된 교육: 이제는 개인이 중심이다

인공지능은 개인의 학습 능력과 수준을 고려한 학습을 제안한다. 지금까지의 교육은 학습자 개인이 아닌 전체 학습 평균에 기초하였기 때문에 뒤처지거나 앞서 나가는 학습자를 반영하지 못하는 한계를 내포한다. 하지만 인공지능은 개인 학습자에게 특화된 교육을 제공하고, 개인 학습자가 부족한 부분을 파악하여 그에 대한 맞춤형 교육을 제안한다(김들풀, 2021). 개인화된 학습은 각 학생의 특정 요구와 선호도에 맞게 학습 경험을 조정하는 교육적 접근 방식으로써 학생들의 배경이나 학습 스타일 및 능력의 차이를 인식하는 것에서부터 시작된다.

특히, 개별 학습자에게 교육의 속도와 내용을 맞추는 것을 넘어 모든 학습자에게 효과적이고 공평한 교육경험을 제공한다는 점에서 혁신적이라고 평가할 수 있는데, 공평한 교육 경험은 학습자의 인지적 스타일이나 문화적 배경, 심지어 감정 상태나 정서까지 이해하는 것을 모두 포함한다(Misha, 2023). 그러므로 인공지능은 평생교육 기관이나 교수자, 학습자 모두에게 지속적인 교육 및 학습 개선을 위한 혁신 도구로 활용될 수 있다. 또한 방대한 데이터를 손쉽게 분석하는 인공지능은 추천

시스템과 협업에 있어서 강점을 지닌다. 즉, 개인화된 추천시스템을 통해 학생들의 교육 경험을 풍부하게 만들고, 협업 과정에서 학생들이 느끼는 심리적 부담감을 상당 부분 줄일 수 있다.

진화하는 기술 환경과 인공지능의 출현 및 확산, 빠르게 변화하는 노동 시장, 그리고 가까운 미래와 먼 미래의 직업에 대한 기술 기반 요구 사항 등은 최근 몇 년 동안 교육적 초점이 교사에서 학습자로 전환되는 것을 가속화하고 있다. 이에 교육과 관련된 기술을 통해 학습자를 위한 교육의 다양성이 요구되고 있는바 인공지능은 데이터 분석 및 관리에서부터 예측 분석에 이르기까지 개인화된 학습을 향상하고 교육 경험을 풍부하게 하는 많은 기회를 제공한다. 특히, 개인화된 학습을 통해서 학습 경험이 크게 향상되므로 학습자들은 학습 내용 및 정보를 기억하고 실제적인 맥락에서 적용할 가능성이 높다. 인공지능 기반 개인화된 학습이 평생교육에 미치는 주요방식을 정리하면 다음과 같다(Fidalgo & Thormann, 2023).

- 맞춤형 학습(personalized learning): 개인의 학습 스타일, 선호도, 강점을 평가하여 고도로 개인화된 학습 경험을 제공하고, 나아가 학습자와 관련 있고 효과적인 콘텐츠 및

자원을 받을 수 있도록 보장하여 학습 과정을 더욱 매력적이고 효율적으로 만든다.

■ 적응형 학습 시스템(adaptive learning system): 학습자의 진도에 따라 학습 자료의 난이도와 속도를 지속적으로 모니터링 및 조정하고, 학습자는 학습에 대한 어려움 없이 최적화된 학습을 이어나갈 수 있다.

■ 기술평가 및 격차 분석(skill assessment and gap analysis): 학습자의 기존 기술과 지식 평가와 격차를 분석하여 특정 과정이나 모듈을 추천할 수 있다.

■ 인공지능 교사 및 보조자(AI tutors and assistants): 성습자 개인에 대한 즉각적인 피드백을 제공하고 질문에 응답하며, 24시간 내내 안내를 제공할 수 있다. 이를 통해 주문형 지원을 제공함으로써 학습 경험을 향상한다.

■ 콘텐츠 생성 및 큐레이션(content generation and curation): 퀴즈, 연습 문제, 교과서와 같은 교육 콘텐츠를 생성하며, 방대한 온라인 콘텐츠를 선별, 추천할 수 있다.

■ 접근성과 포괄성(accessibility and inclusivity): 음성인식, 텍스트-음성 변환, 적응형 인터페이스와 같은 기능을 제공하여 장애인의 접근성을 개선하고 학습을 보다 포괄적으로 만들 수 있다.

■ 평생자격 증명(lifelong credentialing): 블록체인과 인공

지능 기술은 평생학습 성과와 자격 증명을 안전하게 검증할 수 있게 함으로써 학습자 개인이 자신의 기술을 고용주와 교육 기관에 더 쉽게 보여 줄 수 있게 한다.

- 직장에서의 지속적인 학습(continuous learning in the workplace): 학습자 개인과 관련된 교육 기회를 식별하고 진행 상황을 추적하며, 업계 동향과 기술에 대해 최신 정보를 유지하도록 보장함으로써 지속적으로 전문 지식을 획득할 수 있도록 지원한다.
- 데이터 기반 통찰력(data-driven insights): 학습자의 행동과 성과에 대한 통찰력을 제공하여 교육 기관과 조직이 평생학습 프로그램과 자원을 최적화하는 데 도움이 될 수 있다.

이러한 개인화된 학습을 수행하는 데 반드시 고려되어야 할 사항은 데이터 프라이버시나 인공지능 알고리즘 투명성, 공평한 액세스에 대한 윤리적 고려다. 추가적으로 기술이 교육에서 인간적 요소를 대체하는 것이 아닌 증강하도록 하는 것 역시 중요한 고려 사항이 될 수 있다. 그러므로 교수자는 기술을 효과적이고 윤리적으로 교육 방법에 통합하는 방법을 배워야 하고, 평생교육 기관이나 관리자, 정책 입안자 등은 기존의 교육 생태계를 인공지능의 교육적 활용에 맞게 재구성해야 한다는 점에서 사고방식의 유연한 전환 역시 필요하다.

참고문헌

김들풀(2021). 인공지능 시대 평생학습…“‘평생교육공학’으로 접근해야”. 웹진 인평지(智), 충북인재평생교육진흥원. https://www.cblll.or.kr/webzine_html/2021_spring/sub_001.html

Federal Register(2023.11.1). Safe, secure, and trustworthy development and use of artificial intelligence: A presidential document by the Executive Office of the Prresident. https://www.federalregister.gov/documents/2023/11/01/2023-24283/safe-secure-and-trustworthy-development-and-use-of-artificial-intelligence

Fidalgo, P. & Thormann, J.(2023). The future of lifelong learning: The role of artificial intelligence and distance education, *IntechOpen.*

Manea, A. D.(2014). Lifelong learning programs: An effective means of supporting continuing education. *Procedia Social and Behavioral Sciences, 142,* pp.454-458.

Misha, A.(2023). Unlocking the power of personalized learning with trustworthy AI and advanced analytics. EdSurge. https://www.edsurge.com/news/2023-10-20-unlocking-the-power-of-personalized-learning-with-trustworthy-ai-and-advanced-analytics

Misha, A.(2024). How AI can address critical challenges facing higher education. EdSurge.

https://www.edsurge.com/news/2024-03-29-how-ai-can-address-critical-challenges-facing-higher-education

Srivastava, S.(2024.9.12). 12 ways AI in education is transforming the industry. Appinventiv. https://appinventiv.com/blog/artificial-intelligence-in-education/

07
인공지능과 평생교육 학습 전략

인공지능은 전통적인 교육방법과 비교하여 상당한 교육적 이점과 강점을 보이는데, 교육 분야에서 구글(Google), 듀오링고(Duolingo), 코세라(Coursera), 퀴즈렛(Quizlet), 스쿼럴 AI(Squirrel AI) 등 인공지능의 실용적 응용 사례에서 나타난 주요 특성을 통해 인공지능 기반 평생교육의 학습전략을 잠시나마 엿볼 수 있다.

AI와 윤동주?

개인화된 학습

평생교육은 그 어떤 교육 분야보다도 학습에 있어서 다양한 방식을 활용할 수밖에 없다. 평생교육의 주요 대상 중 하나인 성인 학습자들의 경우에 이미 살아오면서 얻은 다양한 경험을 토대로 자신만의 가치 체계를 형성하고 있고, 과거 경험에 기반하여 나름의 학습 스타일이 있기 때문이다. 특히 노년기에 접어든 학습자들은 청년층이나 중 · 장년층에 비해 신체적으로 노화가 진행되고, 기억력을 포함하여 언어 능력이나 시공간 인지, 주의 집중력, 판단력, 추상적인 사고력 등 인지 기능이 점차적으로 떨어지는 특성을 보인다. 그러므로 성인 학습자들의 학습효과를 높이기 위해서는 교육에 있어서 지식을 일방적으로 전달하는 기존의 교육 방식이 아닌 논리적 순서에 맞게 스스로 답을 찾아가는 방식과 보조적인 학습 수단을 결합하여 활용하는 학습 전략이 요구된다.

인공지능은 모든 연령대를 아우르는 개인화된 학습 경험을 제공하고, 행정 업무를 자동화하며, 실시간 데이터 분석을 제공한다. 또한 생성형 인공지능의 경우에 창의성과 혁신을 촉진할 수 있기 때문에 교수자는 각 학습자의 필요에 맞는 퀴즈, 연습 문제, 시뮬레이션과 같은 대화형의 역동적 콘텐츠를 만들어 학습 경험을 향상할 수 있다. 특히, 학습 과정의 개선에 더하여 비판적 사고와 문제 해결 능력도 향상될 수 있어 인공지능이 평생교육에서 뿌리를 내리게 되면 응용 분야가 광범위하게 확장될 수 있다는 점에서 교수자나 학습자 모두에게 더 큰 학습 성과의 달성을 가능하게 한다. 이러한 인공지능의 개인화된 학습제공은 적응형 학습 기회의 제공과 깊은 관련성을 지닌다. 개인화된 학습은 개별적인 학습자의 학습 과정에 집중하고, 그들의 욕구와 재능, 관심사에 맞춰 다양한 학습 경험을 제공하여 지식을 습득하는 데 도움을 줄 수 있다. 특히, 학습자의 강점과 관심사에 초점을 맞춤으로써 학습 자체에 도움이 되는 맞춤형 경로를 파악하고 제공하는 것을 통해 학습자가 자신의 약점을 극복하도록 하는 데 중요한 영향을 미칠 수 있다.

개인화된 학습을 위한 인공지능의 잠재력은 상당하다. 실제로 향후 3년 이내에 학습 관리 시스템의 47% 이상이 인공지능으로 구동될 것이라는 예측이 있다(Claned, 2024.4.12). 인공지능의 개인화된 학습과 관련된 주요 이점들은 적응형 학습, 타겟형 개입, 인터 튜터링 시스템, 예측 분석, 다양한 콘텐츠 전달, 향상된 접근성 제공 등으로 정리할 수 있는데, 이를 기반으로 학습자들에 대한 신속한 데이터 분석, 패턴 인식 및 예측 분석을 포함하여 학습 경험을 개인화하고, 공평하며 포괄적인 교육 부문의 기회를 창출할 수 있다. 특히 데이터 분석은 학습의 격차를 파악하고 해결하는 데 강력한 기회 요인으로 작용하여 학습자들이 필요한 지식에 더 쉽게 접근할 수 있도록 돕는다(Roshanaei et al., 2023). 그러므로 인공지능은 평생교육 기관이나 실무자, 교수자, 학습자들에게 개인화되고 매력적인 학습 경험을 제공할 수 있는 역량을 제공하며, 이를 통해 평생교육 부문을 혁신함으로서 학습자들의 출발점에 관계없이 개별적으로 더 나은 성과로 이어지도록 하는 데 높은 잠재력을 지닌다. 또한 인공지능 알고리즘을 통해 학습자들의 과거 행동과 성취에 대한 데이터를 분석할 수 있고, 학습자의 궤적에서 패턴이나 불일치를 찾아 어디에서 시정 조치가 필요한지를 이해할 수 있어 학습자의 학업적 좌절이나 중단을 사전 방지하기 위한 조치를 취할 수 있다(Mantilla, 2024). 이러한 발전은 평생교육에서 데이터 중심적이고 학습자 중심 접근 방식으로의 전환을 촉진시킬 것인 바 인공지능 기반 평생교육에서 개인화된 학습의 미래는 다양한 가능성을 열어 준다. 이를 정리하면 다음과 같다(Claned, 2024.4.12).

■ 예측 분석의 고도화: 인공지능 기술은 더욱 맞춤화되고 지능적인 학습 환경을 제공한다. 광범위한 데이터 내에서 결과를 가장 잘 예측할 수 있는 기능이나 변수를 자동으로 식별하고, 관련성 높은 정보에 초점을 맞춰 예측 모델의 정확도를 끊임없이 개선한다.

■ 개인화된 피드백: 맞춤형 피드백과 자연어 처리 및 감정 분석을 통해 학습에 대한 팁과 관련 피드백을 제공한다. 이를 통해 추가적인 학습이 요구되는 영역을 파악하고 필요한 개선점을 제시하며, 콘텐츠에 대한 지식을 강화하도록 도운다.

■ 개인화된 커리큘럼 디자인: 학습자의 관심사, 목표 및 학습 목적을 타겟팅하는 과정 커리큘럼을 만드는 데 도움이 되며, 개인적 학습 선호도와 적성을 파악, 학습자들의 최종 목표에 맞는 학습 자료와 경험을 제공한다. 또한 교과서와 강의 기록 등과 같은 텍스트 데이터를 분석하고 해석하여 핵심 개념을 추출하고 내용을 요약하며, 플래시 카드나 개념도와 같은 학습 보조 자료를 생성함으로써 학습자의 과정 이해와 기억력 향상에 도움을 제공한다.

■ 맞춤형 학습: 전통적인 과목 영역과 사회적, 정서적 학습을 위한 맞춤형 학습을 생성할 수 있다. 이를 통해 학습자들의 감정적 단서나 행동 패턴을 이해함으로써 사회 정서적

요구를 파악하고, 개인화된 학습 방식을 더욱 강화할 수 있다.

인공지능 기반 평생교육 학습전략

인공지능은 전통적인 교육 방법에 비해 분명히 매력적인 학습 방법이다. 포브스 어드바이저(Forbes Advisor)가 2023년 10월에 미국 전역의 실무 교육자 500명을 대상으로 교실에서 인공지능 경험과 관련된 설문 조사를 실시한 결과에서도 절반 이상이 교수 및 학습 과정에서 인공지능의 긍정적 영향력을 느끼는 것으로 보고되어 (Hamilton & Swanston, 2024) 교육 현장 일선에서 인공지능을 교육 도구로서 충분한 가능성을 가지는 것으로 인식하고 있음을 보여 준다. 실제로 평생교육 분야에서 인공지능이 전통적인 교육 패턴을 어떻게 혁신하고 전통적인 교육 시스템의 과제를 해결할 수 있는지는 전통적인 교육 시스템과 인공지능 기반 교육 시스템 간의 비교를 통해 파악할 수 있다(Srivastava, 2024).

- 교육 방법: 전통적인 교육은 대부분 강의 중심 접근 방법이지만, 인공지능 기반 교육에서는 적응형 인공지능 기반의 개인화된 학습을 제공한다.

■ 학생 참여: 전통적인 교육에서는 종종 수동적인 학습이 이루어지지만, 인공지능 기반 교육에서는 실시간 피드백을 통한 상호 작용 및 참여가 가능하다.

■ 평가 방법: 전통적인 교육에서는 정기적이고 표준화된 시험 및 퀴즈가 주를 이루지만 인공지능 기반 교육에서는 즉각적인 피드백과 적응형 테스트를 통한 지속적인 평가가 이루어진다.

■ 학습 속도: 전통적인 교육이 모든 학생들에게 맞춰 균일한 속도로 이루어지지만 인공지능 기반 교육에서는 개별 학습자들의 학습 속도에 맞춰 개인화된 속도를 통해 이루어진다.

■ 액세스: 전통적인 교육은 실제 교과서와 수업 자료로 제한되지만 인공지능 기반 교육에서는 광범위한 디지털 자원과 온라인 학습 플랫폼 활용이 가능하다.

■ 피드백: 전통적인 교육은 과제나 시험에 대한 지연된 피드백으로 제한되지만 인공지능 기반 교육에서는 성과와 이해에 대한 즉각적인 피드백이 가능하다.

■ 커리큘럼: 전통적인 교육은 고정된 커리큘럼이지만 인공지능 기반 교육에서는 학습자의 필요와 관심사에 따른 유연적인 맞춤형 커리큘럼이 가능하다.

■ 데이터 활용: 전통적인 교육은 교육을 위한 최소한의 데

이터를 사용하지만, 인공지능 기반 교육에서는 교육 전략 개선을 위해 데이터 분석을 광범위하게 활용한다.

- 기술개발: 전통적인 교육은 암기력과 기본 기술에 집중하지만 인공지능 기반 교육에서는 비판적 사고, 문제 해결 능력, 디지털 및 인공지능 리터러시에 중점을 둔다.
- 접근성: 전통적인 교육은 물리적 대상에 따라 다르지만, 인공지능 기반 교육에서는 인터넷 연결을 통해 언제, 어디서나 접근이 가능하다.
- 교수자 업무량: 전통적인 교육은 높은 행정적인 부담이 있지만 인공지능 기반 교육에서는 자동화를 통해 행정 관리 및 업무량이 감소한다.

이상과 같이 인공지능은 전통적인 교육 방법과 비교하여 상당한 교육적 이점과 강점이 있는데, 교육 분야에서 구글(Google), 듀오링고(Duolingo), 코세라(Coursera), 퀴즈렛(Quizlet), 스쿼럴 AI(Squirrel AI) 등 인공지능의 실용적 응용 사례에서 나타난 주요 특성을 통해 인공지능 기반 평생교육의 학습전략을 잠시나마 엿볼 수 있다. 이를 정리하면 다음과 같다(Srivastava, 2024).

- 인공지능 기반 교실: 인공지능을 평생교육에 통합하여

교수자는 과제를 설계 및 할당하고 피드백을 제공하는 등 교실 상호 작용을 효과적으로 제어할 수 있다. 또한 자동 채점을 지원하고 학습 자료에 대한 개별 권장 사항을 제공하며, 학습자의 데이터를 검토하여 성과와 성장에 필요한 통찰력을 제공한다. 이외에도 즉석 테스트(퀴즈 등), 각종 자료 번역, 다양한 학술 자료 분석과 색인화 등을 통해 학습에 적합하고 신뢰할 수 있는 출처를 찾는 데 도움을 준다.

- 유연하고 효율적인 언어 수업 개발: 인공지능을 사용하여 유연한 언어 수업을 개발할 수 있다. 인공지능은 학습자의 진도를 모니터링하고, 개발할 부분을 찾아내어 필요에 따라 언어 학습 과정과 내용을 수정할 수 있다. 또한 학습자의 언어 학습을 향상하기 위해 개별화된 레슨이나 어휘훈련, 대화형 테스트를 제공하며, 음성인식과 발음 피드백 및 흥미로운 자료 생성에 도움을 준다.
- 온라인 교육: 개인화된 과정 추천, 적응형 학습 경로, 자동화된 평가를 통해 학습자들은 맞춤형 제안과 시기적절한 피드백을 받을 수 있다. 또한 학습자의 선호도와 성과 데이터를 분석하여 학습 과정을 제안하고 학습자의 진도에 따라 과정 내용을 동적으로 조정함으로써 학습 경험을 향상해 온라인 교육 참여와 성과를 개선하는 데 도움이 된다.
- 적응형 학습 플랫폼: 학습자들이 잘 알고 있는 개념과 집

중해야 할 개념을 식별하여 개인화된 학습 계획을 마련할 수 있다. 특히 학습자의 성과에 따라 난이도와 문제 유형을 조정하여 효율적이고 효과적인 학습을 보장하며, 연습 테스트와 대화형 플래시 카드를 생성하여 학습을 더욱 매력적이고 개별 학습 요구에 맞게 조정할 수 있다.

■ 실시간으로 교육을 개인화하는 인공지능 기반 적응형 학습 솔루션 제공: 학생의 지식과 학습 행동을 지속적으로 평가하여 학습 경로를 맞춤화하고 각 학생의 수준과 속도에 맞게 콘텐츠와 연습 문제를 조정할 수 있다. 또한 지식 격차를 파악하고 학습 결과를 예측하여 학습자들이 성과를 개선하고 다양한 과목에서 숙달을 달성하도록 도움을 제공한다. 특히 교수자에게는 학습자 진도에 대한 자세한 통찰력을 제공하여 보다 집중적이고 효과적인 교육을 가능하게 한다.

이러한 응용 사례는 학습자들의 개별 능력과 요구 사항에 맞춘 학습경험 제공을 통해 학습 방식을 변화시킬 수 있다는 점에서 학습자들을 위한 평생교육 학습 전략의 기본 방향성을 설정하고 마련하는 데 일정한 도움이 될 것이다.

참고문헌

Claned(2024.4.12). The role of AI in personalized learning. https://claned.com/the-role-of-ai-in-personalized-learning/

Hamilton, I. & Swanston, B.(2024.6.6). Artificial intelligence in education: Teachers' opinions on AI in the classroom. Forbes Advisor, https://www.forbes.com/advisor/education/it-and-tech/artificial-intelligence-in-school/

Mantilla, S. C.(2024.7.8). How can AI create personalized learning experiences for students?. Linkedin, https://www.linkedin.com/pulse/how-can-ai-create-personalized-learning-experiences-correal-mantilla-gwzcf

Roshanaei, M., et al.(2023). Harnessing AI to foster equity in education: Opportunities, challenges, and emerging strategies. *Journal of Intelligent Learning Systems and Applications, 15*(4), pp.123-143.

Srivastava, S. (2024). 12 ways AI in education is transforming the industry. Appinventiv. https://appinventiv.com/blog/artificial-intelligence-in-education/

08
인공지능과 평생교육 콘텐츠

인공지능 기반 학습자를 위한 콘텐츠들은 교육용 로봇 관련 콘텐츠, 생성형 AI를 활용한 콘텐츠 제작 툴, 외국어 학습 콘텐츠 등이 이미 실용적으로 활용되고 있는 추세다. 향후 인공지능과 결합한 평생교육 분야 콘텐츠 방향성은 편리성과 간편함을 극대화한 콘텐츠에 대한 수요가 높아질 것이며 교육 분야에서 지식을 습득하는 것 이외에도 개인의 취미 활동과 여가 선용을 위한 교육 콘텐츠가 증가할 것으로 예측된다.

AI와 한의학?

학습자를 위한 인공지능 기반 콘텐츠 사례

시니어 그리고 성인 학습자를 위한 인공지능 기반 콘텐츠들에는 다양한 사례가 있다. 우선, 최근 주목받는 인공지능을 활용한 교육용 로봇을 그 예로 들 수 있다. 인공지능은 로봇과 결합할 때 많은 시너지 효과가 생긴다. 인공지능과의 통합은 로봇에 새로운 차원의 자율성과 적응성을 더해 기존 로봇의 영역을 훨씬 뛰어넘게 되기 때문이다. 실제로 교육 분야에서의 활용도 늘어나고 있는 추세다. 2023년 11월, 서울시교육청에서는 서울 시내 초등학교와 중학교에 학생과 일대일 영어 회화를 하는 로봇을 투입하기로 결정하였다. 향후 학생들의 영어 말하기 교육을 강화하기 위해 민간 기업과 협력해 개발 중인 '영어 튜터 로봇'이 5개 초·중학교에 각각 한 대씩 보급될 예정이다. 식당에서 볼 수 있는 서빙 로봇과 유사한 생김새의 이 로봇은 인공지능 기능이 탑재돼 학생과 일대일로 영어 대화를 나누는 기능을 갖췄다. 로봇은 교실에서 보조 교사 역할을 하면서 원어민처럼 영어 회화 시범을 보인다. 학생의 발음을 교정하고, 학습이 뒤처진 학생에게 다가가 개별 교육을 하는 등 맞춤형 수업도 진행한다(서혜림, 2023.11.29).

바야흐로 본격적인 로봇 튜터(Robot Tutor)의 시대가 도래하는 것이다. 시니어 교육의 영역에서도 인공지능이 탑재된 로봇의 활용도가 차츰 높아지고 있다. 그 사례로서 동그란 얼굴에 큰 눈, 두 팔과 두 다리를 가진 로봇 '리쿠(LIKU)'는 모바일 메신저 교육과 길 찾기, 배달 애플리케이션 등을 활용할 수 있는 교육 소프트웨어와 음성 인식, 답변 기능 등이 탑재되어 있다. 인공지능 로봇 '리쿠'는 시니어를 대상으로 스마트폰 애플리케이션 사용법을 알려주고, 보이스 피싱에 경각심을 갖도록 하는 교육을 제공한다. 또한, 프로필 등록, 메시지, 사진 전송법도 안내해 주는 등 시니어의 디지털 리터러시에 최적화된 인공지능형 로봇 서비스라고 할 수 있다. 관악구 한 도서관에서는 '리쿠'와 함께 하는 독서 프로그램을 운영하고 있는 등 인공지능형 로봇이 향후 평생교육 현장에서도 교사를 보조할 수 있는 훌륭한 교육 도구이자 콘텐츠로서 활용될 가능성이 높다고 하겠다.

다음으로 생성형 AI를 활용한 시니어 교육 콘텐츠의 다양한 사례를 소개하면 다음과 같다. 디지털 리터러시 영역에서 소외되었다고 이야기하는 시니어들에게 최근 인공지능은 새로운 학습 기회와 창의적인 표현의 방법을 제공할 수 있는 강력한 도구가 될 수 있다는 사례들이 확인되고 있다. 최근 많은 지자체에서 '생성형 인공지능을 활용한 동화책 만들기' 프로그램들을 시니어 대상으로 교육하고 있는데, 시니어 교육생들은 챗지피티(ChatGPT)와 MS 코파일럿 등을 활용하여 인공지능에 적응하고 자신의 스토리를 인공지능 동화책으로 엮어서 성과물을 내고 있다. 이외에도 나만의 시(詩) 영상 만들기, 여행 정보 수집과 여행 계획서 작성하기, 크리스마스 카드 만들기, 나만의 캐릭터와 동영상 만들기, 나만의 음악 만들기 등의 프로그램이 다양하게 수행되고 있어 이러한 생성형 AI 프로그램을 활용한 콘텐츠 제작은 앞으로 평생교육의 영역에서 가장 중요한 콘텐츠 제작 커리큘럼이 될 것으로 기대된다.

또한 성인들의 상당수가 인공지능을 활용한 외국어 학습 콘텐츠를 활용하고 싶은 욕구도 매우 높은 것으로 나타나고 있다. '뇌새김'과 '스피킹 맥스'로 알려진 기업 '위버스마인드'의 2024년 조사 결과에 따르면 81.7%의 응답자가 인공지능 기술을 활용한 외국어 학습을 사용해 볼 의사가 있다고 답했다. 사용해 보고 싶지 않다고 밝힌 응답자는 18.3%로 나타났다. 인공지능 기술을 활용한 외국어 학습에서 가장 기대되는 부분은 개인 수준별 맞춤형 학습(40.8%)으로 나타났으며, 다른 기대 요인으로는 학습의 편리성 향상(24.2%), 발음 교정 등 말하기 능력 향상(13.3%), 학습 비용 절감(10.8%), 학습 속도 증가(8.3%) 순으로 나타났다. 다양한 통번역 기기의 발달과 대중화 속에서도 영어 학습 및 프리 토킹(Free-talking)에 대한 열망도 높은 것으로 나타났다. 영어 학습의 목표를 묻는 질문에는 대다수가 프리 토킹(66.7%)을 꼽았으며, 해외여행 갔을 때 간단한 의사소통(23%), 영어 콘텐츠를 자막 없이 보는 것(7.9%) 등으로 나타났다(조선에듀, 2024. 6. 28). 실제로 인공지능을 활용하여 영어 회화를 배우면 인공지능이 실시간으로 학습자가 말하는 것을 듣고 정확도 및 유창성 등을 평가하기 때문에, 교육을 받는 학생은 원하는 때면 언제 어디서나 원어민에게 일대일로 피드백을 받는 것처럼 영어 말하기를 연습할 수 있는 장점이 있다. 상대적으로 성인 학습자는 외국어 배우기가 더디고 말을 따라하기에도 어려움을 느끼기 때문에 이러한 맞춤형 인공지능 기반의 외국어 학습 콘텐츠는 언어를 습득하는 데 매우 큰 도움이 된다.

인공지능 휴먼, 일명 AI 휴먼을 만들어서 시니어의 치매 예방 교육, 노래 교실 등에 다방면으로 적용하는 경우도 늘어나고 있다. 인공지능 기업인 이스트소프트는 2023년 시니어 층에 인기가 많은 가수 태진아의 AI 휴먼을 활용해 노래 교실, 인지 활동 등 고령층의 교육 및 여가 활동을 위한 콘텐츠를 제공한 바 있으며, 이스트소프트는 일본에서도 일본 배우 '노노무라 마코토'를 모델로 한 대화형 AI 휴먼을 제작하여 서비스할 예정이다. 이러한 인공지능 휴먼 기반의 콘텐츠는 실제로 시니어들에게도 긍정적인 효과를 보인다는 연구결과도 발표된 바 있다. 이스트소프트와 연세대학교가 공동 연구한 결과에서도 인공지능 휴먼으로 제작한 '손발 마사지', '상 · 하체 스트레칭' 등 다양한 운동 콘텐츠로 신체 상태와 운동 능력 개선을 경험했으며, '노래 교실' 등 단체 프로그램을 통해 스트레스 해소와 여가 생활을 구성원과 즐긴다는 점에서 사회적 고립감 해소와 함께 소속감을 느낀 것으로 나타났다(조재학, 2024.7. 8).

인공지능과 평생교육 콘텐츠의 방향성

인공지능에 대한 평생교육의 핵심은 인공지능 리터러시와 관계가 깊다. 인공지능 리터러시는 인공지능 기술이 발전하면서 생겨난 개념으로 인공지능 기술을 효과적으로 이해하고 사용할 수 있는 능력을 의미한다. 여기에는 인공지능 시스템의 작동 방식과 인공지능 솔루션을 개발하고 구현하는 기술뿐만 아니라 문제를 해결하는 방법까지도 포함된다(변문경 외, 2023). 또한 인공지능은 과거의 학습 데이터를 활용하여 학생들의 성취도를 예측한 뒤 학생들에게 추가적인 학습과 조언 등을 제언함으로써 시의적절한 콘텐츠를 제공할 수 있다. 학생들은 정규 수업 시간에 인공지능이 제공한 학습 콘텐츠와 교감하면서 자신의 공부 방향성을 파악할 수 있다. 그렇게 된다면 특정 학습에 대한 정교한 학습 설계도 가능하게 된다(이주호 외, 2021).

향후 인공지능과 결합한 평생교육 분야 콘텐츠의 방향성을 다음과 같이 논할 수 있을 것이다. 우선, 편리성과 간편함을 극대화한 콘텐츠에 대한 수요가 점진적으로 높아질 것이다. 나이가 많은 시니어들은 흔히 인공지능과 같은 혁신 기술과 거리가 멀다고 생각하기 쉽다. 하지만 신체 능력이 떨어지고, 사회적으로 고립되기 쉬운 시니어야말로 인공지능을 활용하여 더욱더 배움의 폭을 넓힐 수 있다. 최근 키오스크나 모바일 애플리케이션이 늘어나면서, 디지털에 취약한 고령층이 늘어나고 있다고 하지만, 인공지능 기술은 이러한 장벽을 오히려 없애기 위한 중요한 해결 방안이 될 수 있으며, 그 핵심은 인공지능 음성 UX(User Experience, 사용자 경험)이다. 음성 UX는 쉽고 편하게 인공지능을 경험할 수 있도록 간편한 서비스를 제공한다. 이러한 맥락에서 인공지능이 탑재된 인공지능 스피커는 평생교육 분야에서 특히, 연령대가 높은 시니어들에게 높은 접근도를 보장하여 다양한 평생교육 콘텐츠를 제공해 줄 수 있다. 예컨대, 책 읽어 주기 서비스부터 외국어 교육, 심리 안정을 위한 대화 콘텐츠 등 다양한 서비스들이 가능할 것이다.

또한, 교육 분야에서 지식을 습득하는 것 외에 개인의 취미 활동과 여가 선용을 위한 교육 콘텐츠가 증가할 것으로 예측된다. 앞서 사례들에서도 논한 바 있듯이 인공지능이 문화 예술의 창작 영역으로까지 확장되면서 이를 활용하여 자신의 꿈을 펼칠 수 있는 평생교육의 폭이 더욱 확장되는 추세다. 예컨대, 인공지능을 활용한 그림 그리기 프로그램의 경우, 다양한 색상과 도구를 제공하여, 시니어들이 자신만의 예술 작품을 창조할 수 있게 조력을 해 줄 수 있다. 더 나아가 디지털 플랫폼이나 소셜 미디어를 통해 인공지능을 통해 제작한 작품을 공유하고, 다른 사람들과 소통하는 경험도 가능하다. 이는 그림뿐만 아니라 음악, 요리 등 기타 취미 활동에도 적용될 수 있다.

앞으로 평생교육 분야에서 인공지능 관련 콘텐츠가 성인 학습자들에게 가져다주는 변화들은 단순히 콘텐츠를 향유하고 즐기는 것을 넘어서, 개인의 삶의 질을 향상하고 새로운 경험의 장을 여는 기회가 될 것으로 기대된다. 성인 학습자들은 인공지능이 제작한 콘텐츠를 통해 기술 발전의 속도에 맞춰 자신의 삶을 풍요롭게 만들 수 있으며, 세대 간 격차를 줄이는 데에도 많은 도움을 얻을 수 있을 것이다.

참고문헌

박광하(2023.6.15). 이스트소프트, ‘AI 태진아’ 활용 시니어케어 서비스 제공. 데이터넷, https://www.datanet.co.kr/news/articleView.html?idxno=184306

변문경 외(2023). 『디지털 대전환 시대 하이컨셉 디지털 리터러시 ChatGPT 인공지능 융합교육법』, 메타유니버스.

서혜림(2023.11.29). 초등학교 영어수업에 ‘로봇 교사’ 투입된다…학생과 1대 1 회화. 연합뉴스, https://www.yna.co.kr/view/AKR20231128136100530

오동현(2024.6.27) 이스트소프트, 日배우 ‘AI 마코토’ 제작…현지 시니어케어 공략. 뉴시스, https://www.newsis.com/view/NISX20240627_0002789599

윤상도(2023.12.7). [액티브 시니어] AI 함께 시 쓰고 그림 그리고… ‘챗GPT’ 교육과정 신설. 브릿지경제, https://www.viva100.com/main/view.php?key=20231208010001260

윤상은(2022.2.18). 세 살 로봇 '리쿠', 어르신 디지털 정보격차 줄인다. ZDNET Korea, https://zdnet.co.kr/view/?no=20220218145020

이주호 외(2021). 『AI 교육혁명: 무엇을 배우고, 어떻게 가르쳐야 하나?』, 시원북스.

장희주(2024.6.28). 성인 82% "AI 활용 외국어 학습 희망". 조선에듀, https://edu.chosun.com/m/edu_article.html?contid=2024062880026

조재학(2024.7.8). 이스트소프트, "AI휴먼 시니어케어 서비스 효과 입증". 전자신문, https://www.etnews.com/20240708000266

09
인공지능의 명과 암

인공지능 시대의 미래 교육 현장은 학생 누구도 소외되지 않고 맞춤형 교육을 통해 더욱 질 좋은 교육을 받는 긍정적 시나리오도 제시되지만, 감정과 상호 작용, 소통이 결여된 기계적 교육 방식으로 전락할 수 있다는 부정적 시나리오도 제기된다. 따라서 향후 인공지능을 교수자와 학생의 역할을 뛰어넘는 교육의 주체가 아닌 비행기 부조종사라는 의미의 '코파일럿(copilot)'의 개념으로 활용해야 긍정적인 부분은 극대화하고, 부정적 면은 줄일 수 있을 것이다.

AI와 화장품?

교육 현장에서 인공지능이 가져올 긍정적 효과

바둑기사 이세돌 9단과 알파고의 대국 이후에 국내에도 인공지능에 대한 관심이 대단히 커졌고, 교육 현장에 인공지능을 접목하려는 움직임들도 최근 들어 더욱 활발해지고 있다. 인공지능을 교육 분야에 접목하려는 시도는 1970년대 룰 기반(rule-based), 즉 정해진 규칙에 따라 사전 입력된 답변 데이터를 송출하는 시스템을 활용해 맞춤형 학습을 구현하려는 노력에서 시작됐다고 보며, 이제는 교수 · 학습 · 평가 혁신과 함께 인공지능 활용의 접근성과 형평성, 활용 윤리 문제 등을 폭넓게 논의 중이다.

인공지능은 다음의 세 가지 이유로 교육 현장에서 그 필요성이 과거에 비해서 더욱 커지고 있다. 우선, 교육 현장의 공간적 제한이 더 이상 교실에만 머무르지 않기 때문이다. VR(Virtual Reality, 가상 현실), AR(Augmented Reality, 증강 현실), IoT(Internet of Things, 사물인터넷), 인공지능 등의 새로운 기술의 발달로 인해서 교육 현장이 교실에만 머무르지 않고 농촌이든 도시든 장소를 불문하고 어디든 확장될 수 있기 때문이다. 다음으로 개별화 학습 및 맞춤형 교육이 실현될 수 있어 학생들의 학습 성과가 향상될 수 있기 때문이다. 인공지능을 통해 학생 개인의 학습 능력을 파악하여 그 데이터를 기반으로 하여 최적의 성과를 낼 수 있기 때문이다. 마지막으로 인공지능을 기반으로 한 다양한 학습 도구들이 학생들의 흥미를 높이고 지속적인 학습 동기 유지를 도울 수 있기 때문이다.

무엇보다도 현장에서 교육을 담당하는 교사들의 인공지능에 대한 인식도 긍정적이다. 지현경과 홍현미(2023)의 연구에서도 설문 대상인 예비 교사들은 인공지능을 학습 도구로 활용 시 학습자의 개인별 맞춤형 학습을 가능하게 할 것이라 인식하고 있었으며, 인공지능 활용 교육에 대해서는 똑똑하고 정확하며 편리하다는 등의 긍정적인 인식을 하고 있음을 확인하였다. 또한, 인공지능 융합 역량 향상에 도움이 될 것이라고 응답하였다. 또 다른 연구인 초·중등교사의 인식조사에도 인공지능 기반의 교수·학습 플랫폼이 도입된다면 교사 대다수가 사용할 의향이 있다고 밝혔으며, 이를 통해 개별화된 수준별 맞춤형 수업, 교무 행정 업무 경감, 기초부진 학생에 대한 지도, 학부모 및 가정과의 연계 강화 측면에서 도움이 될 것으로 보았다(김현진 외, 2020).

인공지능은 교육에서 무엇을 가르쳐야 할 것인가에 대하여 교육계에 다양한 질문을 던지고 있지만 동시에 어떻게 가르쳐야 더욱 효과적일지에 대한 다양한 해결 방안도 제공하고 있다. 이 중에서 최근 주목받는 것은 “지능형 개인 교습 체제(ITS: Intelligent Tutoring System)” 혹은 “맞춤 학습 체제(adaptive learning system)”다. 이에 대한 사례로서 미국 애리조나주립대학교(이하 ASU)를 들 수 있다. ASU에서는 이미 6만5천 명의 대학생이 ITS를 통해 수학 · 생물학 · 물리학 · 경제학 등 기초 과목을 학습했다. 2016년 이 시스템이 도입된 기초 수학의 경우 고교 때 수학을 포기한 학생들이 수학을 이수하는 비율이 28% 포인트 향상됐다고 알려져 있다. 생물학의 경우 2015년 ITS를 도입한 결과 봄 학기 20%였던 탈락률이 1.5%로 줄었고, C 학점 미만의 비율이 28%에서 6%로 감소했다. 미시경제학도 2017년 ITS를 도입한 결과 첫 시험에서 C 학점 미만 학생 비율이 38%에서 11%로 낮아졌다는 결과가 있다(이주호, 2024.7.11). 교육 현장에서 이미 인공지능이 가져온 효과가 검증되고 있는 근거다.

교육 현장에서 인공지능은 일반 학생들은 물론 학교 밖의 성인들에게도 유용한 학습 도구로서 활용될 수 있다. 인공지능은 학교 밖의 성인들에게 학습 전반에 걸쳐 개별적인 학습 지원이 가능하다. 성인의 학습 결과를 측정하는 온라인 평가를 통해서 실시간으로 학습 내용을 재구성하면서 최적화된 학습을 제공할 수 있다. 성인이 대상이 되는 평생교육은 누구나 언제 어디서나 스스로 자발적으로 하는 경우가 많아서 인공지능 학습 시스템을 교육하면 더욱더 활성화될 가능성이 높다. 평생교육 과정에서 생각이나 아이디어 수준에 머물러 있는 부분들을 인공지능이 명확하고 형식화된 교육 서비스를 제공함으로써 학습 능력을 높이는 데 도움을 줄 수 있다(이주호 외, 2021).

흔히 인공지능과 시니어는 매우 거리가 멀다고 생각할 수 있다. 하지만 오히려 시니어들은 교육을 통해 낯선 기술에 대한 두려움을 넘어서 삶에 긍정적인 변화를 가져다주는 기술로 적극적으로 활용할 수 있다. 향후 평생교육에서도 시니어를 대상으로 하는 인공지능 관련 기술교육을 시도한다면 현대 사회의 기술 발전을 따라잡을 수 있는 기회를 제공할 수 있을 것이다. 이미 시니어를 대상으로 스마트폰이나 인터넷 검색 등에 대한 교육이 활발하게 수행되고 있는데, 이러한 기술에 대한 교육은 시니어들의 정보 접근성을 높이고, 생활을 더 편리하게 하는 데 일조하고 있다. 향후 인공지능에 대한 교육 역시도 인공지능 기술을 활용한 로봇, 스마트 홈 시스템

등을 시니어들이 안전하고 편안하게 활용하는 데 큰 도움을 줄 수 있다. 또한, 인공지능을 이용한 각종 게임이나 퍼즐, 예술 활동 등은 창의력을 자극하고 시니어들의 인지 능력을 강화할 수 있다. 이는 치매 예방에도 도움이 되며, 일상생활에 활력을 불어넣는 중요한 요소가 될 것이다. 인공지능 교육을 통해서 다양한 창작 활동을 할 수 있다는 부분도 시니어들에게 자신감을 불어넣어 줄 수 있는 동인이 될 수 있다. 인공지능을 활용한 그림 그리기, 음악 작곡, 영상 만들기를 통해 화가가 되고 싶은 꿈, 뮤지션이 되고 싶은 꿈, PD나 영화감독이 되고 싶은 어린 시절의 꿈을 이루어 줄 수 있기 때문이다.

인공지능은 교육 현장에서 무엇을 우려하게 하는가?

수업에서 조는 학생을 잡아내는 인공지능이 일본에서 개발되어 논쟁을 낳은 바 있다. 오사카 교육대학교 연구진이 히가시 오사카에 본사를 둔 에너지 회사 간사이 전기공업과 협업해 인공지능과 열화상 기술이 결합된 장비를 개발하였는데, 앉아 있거나 서 있는 자세 등 여러 자세를 취하고 있는 사람들의 이미지를 인공지능 시스템에 입력하였고, 장비는 열화상 기술을 통해 피사체가 취하고 있는 형태를 인식, 입력된 이미지를 바탕으로 피사체가 어떤 모습을 하고 있는지 확인하는 방식으로 학생의 '졸음' 여부를 판별하는 것이다. 조는 학생에게 경각심을 일깨우고, 수업 참여도를 높이기 위해 고안되었다는 친절한 설명이 붙어 있지만 인간을 통제하기 위한 기술이 교육 현장에 등장했다는 점에서 많은 비판도 있었다. 인공지능이 교육 현장에서 적용되면서 생긴 논쟁의 한 단면이다.

인공지능이 교육 현장에서 가져올 긍정적인 기대만큼이나 우려 역시도 큰 상황이다. 우선, 개인의 맞춤형 교육 도구로서 기능하리라 생각했던 인공지능 교육이 생각보다 긍정적 효과를 가져오지 못했다는 점이다. 그동안 인공지능 활용 교육의 필요와 미래 교육 담론에서 교사 역할 변화와 관련한 얘기는 무성했지만, 정작 활용의 중요한 당사자인 학생에의 언급은 많지 않았다. 담론 속의 학생은 활용의 효과를 나타내주거나 AI기술을 통해 변화되어야 할 '대상화(objectification)'수준을 넘지 못했다는 것이다. 흔히 학생들은 자신에게 맞는 맞춤형 학습을 기꺼이 수용하며 기뻐하는 모습으로 형상화되었다. 처음에는 반짝 관심을 보이던 학생들은 그저 신기한 대상으로 인공지능을 활용하다가 금방 흥미를 잃는 경우가 많았고, 기대 수준과 다른 기술의 현실에 대한 실망은 활용의 동기를 급격히 저하시키게 되었다. 실제로 학습 지원을 필요로 하여 인공지능 관련 교육을 지원하던 학생들도 인공지능 튜터에 별다른 흥미를 느끼지 못하고 얼마 지나지 않아 중도 이탈하거나 기기를 반납하는 모습을 보였다. 이들이 떠난 자리는 중상위권 학생들로 채워지고 있었다. 요컨대 초등학생이든 고등학생이든 교사가 안내하고 모니터링하고 피드백을 주지 않은 상황에서의 인공지능 활용 교육은 오직 이미 학습에 대한 성취 동기가 형성되어 있는 일부 학생들에게서만 의미 있게 이루어지고 있었다(주정흔, 2023). 첨단 기기 활용에 더욱 큰 두려움을 가지고 있는 평생교육의 주된 대상인 시니어들 역시도 이러한 가능성이 매우 높다고 볼 수 있다. 데이터 제공으로 인한 개인정보 침해에 대한 논쟁도 빼놓을 수 없다.

다음으로 인공지능의 데이터 기반 서비스 제공에 대한 문제점도 제기된다. 데이터를 기반으로 작동하는 인공지능 시스템은 대부분의 경우 학습 데이터에 포함된 대표적인 패턴을 인식하고 이를 반영하여 작동한다. 그런데 이상치나 소수 집단의 특성이 학습 데이터에서 무시되거나 충분히 반영되지 않으면, 이들 집단에 대한 서비스나 지원이 부족하게 되는 문제가 발생한다는 것이다(박보람, 2023). 이러한 논의의 연장선상에서 평생교육 현장에서도 시니어 학생들은 적절한 학습 도구나 자료에 접근하기 어려울 수 있으며, 제공받는 학습 자료나 경험이 그들의 필요와 맞지 않을 수 있다. 이로 인해 그들의 학습 능력이 제한되며, 성과도 감소할 수 있다는 우려가 제기될 수 있다.

가장 심각하게 대두되는 문제는 바로 소위 '생각의 멈춤'이다. 챗GPT와 같은 인공지능 교육 프로그램은 흔히 과정을 생략하고 완성품으로 점프하는 것으로 학생들이 사고하는 방법을 완전히 잃을 수 있는 우려가 제기되고 있다. 어떠한 주제에 관해 생각하고, 고민하는 과정 자체가 사라지면서 논리력, 비판적 사고력을 키우기 힘들어지기 때문이다. 교육이 결과 지상주의가 되는 것이다.

최근 인공지능이 교육 분야에 적용되면서 다양한 장점들이 소개되고 있다. 하지만, 인공지능과 같은 기술을 어떻게 쓰는지 도구적 관점을 강조하거나, 기술을 쓰지 않으면 도태될 것이라는 공포심을 부각하는 측면이 교육 현장에서 부각되고 있다. 인공지능은 교수자와 학생의 역할을 뛰어넘는 교육의 주체가 되어서는 안 될 것이다. 비행기 부조종사라는 의미의 '코파일럿(copilot)' 개념으로 인공지능을 활용해야 할 것이다.

참고문헌

권정민·이영선(2023). ChatGPT시대 인공지능 교육정책의 문제점 고찰. ≪인공지능 인문학연구≫, 13(9).

김현진 외(2020). 학교교육에서 AI 활용에 대한 교사의 인식. ≪교육공학연구≫, 36, 906.

박보람(2023). 인공지능 기반 교육에 대한 윤리적 성찰. ≪윤리교육연구≫, 70, 367.

이주호 외(2021). 『AI 교육혁명: 무엇을 배우고, 어떻게 가르쳐야 하나?』, 시원북스.

이주호(2024. 7. 11). [특별기고] AI교육혁명 시대가 왔다. AI타임스, https://www.aitimes.com/news/articleView.html?idxno=131567

주정흔(2023). 인공지능 기반 맞춤형 교육의 실제와 쟁점. ≪교육비평≫, 25, 23.

지현경·홍현미(2023). 예비교사의 인공지능 활용 교육에 대한 인식 분석. ≪디지털콘텐츠학회논문지≫, 24(8), 1729.

AI리포터(2023. 9. 11).'조는 학생' 찾아내는 AI 개발한 日…현지 전문가 '갑론을박'. Digital Today, https://www.digitaltoday.co.kr/news/articleView.html?idxno=487668

10

인공지능과 평생교육의 미래

다가올 미래에는 평생교육에 모든 사람이 상시 접근할 수 있도록 물리적, 지리적, 경제적 장벽을 없애고 그 어떤 형태로든 학습의 기회가 제한되지 않도록 포용성을 넓히는 교육 생태계로의 재구성이 이루어져야 한다. 이를 통해서 학습자들이 수업료나 주택 및 통근 비용, 캠퍼스 내 교육 관련 비용 등의 부담에서 벗어나 적은 비용으로도 고품질의 교육 콘텐츠에 접근할 수 있는 진정한 교육 민주화를 이룰 수 있다.

종교와 AI?

인공지능의 안전한 사용을 위한 핵심 사항

평생교육 분야에서 인공지능은 학습자들의 학습 경험을 개인화하고, 실시간 피드백을 강화함으로써 교수자와 학습자 모두를 효과적으로 지원할 수 있는 매력적인 교육 환경을 만들어 낼 수 있다. 보다 큰 의미로는 인공지능이 전통적인 교육 패턴에서 발생하는 다양한 교육 격차를 해소할 수 있다는 점이다. 인공지능 기술이 거의 대부분의 산업에 통합될 가능성이 높아지는 상황에서 인공지능 기술의 교육적 활용에 대한 잠재력을 무시할 수 없는 이유이기도 하다. 인공지능과 평생교육의 결합은 산업 분야에 완전히 새로운 학습 개념이나 방법을 가져올 것이다. 개별화된 학습, 즉각적인 피드백, 그리고 증강 현실과 가상 현실 등 몰입형 기술에 대한 액세스가 가능해져 학습자들이 학업과 직업적 소양을 균형 있게 연결하고, 관련 역량을 확보하는 데 상당한 도움이 될 것이다.

평생교육에서 인공지능의 교육적 활용은 먼 미래의 일이 아니라 지금 당장 일어나고 있는 일인지도 모른다. 이미 일반 교육 분야에서 인공지능의 활용은 현재 진행형이며, 세계경제포럼은 '에듀케이션 4.0(Education 4.0)'이라는 아이디어에 대해 논의하면서 인공지능이 개인화되고 포괄적인 학습을 가져올 것이라고 주창하였다. 특히, 모든 사람을 위한 공정하고 개방적인 학습 공간을 만드는 데 도움이 되고, 모든 학습자들이 훌륭한 학습 경험을 할 수 있는 동등한 기회가 될 것임을 제안하면서 교수자를 대체하는 것이 아닌 지원하는 것을 목표로 삼는 것이 중요하다고 강조하였다(The Growth Catalysts Team, 2024). 이러한 주장에는 인공지능 기반 교육이 지금까지 지속되어 온 디지털 교육의 연장선상에서 기술적 진보에 의한 또 다른 교육적 진화로 인식하고 있음을 보여 준다. 결과적으로 인공지능 기반 교육은 단기적인 추세가 아니며 반드시 도래할 새로운 교육 방식인 것이다.

평생교육 분야에서 인공지능의 미래는 분명히 혁신적이다. 이에 평생교육 기관이나 실무자, 정책 입안자, 교수자 등 평생교육 관련 이해관계자들의 인공지능 기반 평생교육에 대한 새로운 통찰력이 요구된다. 다만 인공지능의 평생교육적 활용은 가까운 혹은 조금 더 먼 미래에 새로운 표준이 될 수도 있지만 책임감 있고 정보에 입각한 채택을 통해서만이 그 잠재력을 발휘하고 모든 학습자들에게 공평한 접근과 양질의 교육을 보장할 수 있다. 이를 위해서는 인공지능 기술을 전략적이고 안전하게 활용하기 위해 고려해야 할 핵심적 사항들이 존재한다. 세계경제포럼에서 제안된 주요 원칙을 평생교육에 적용하면 다음과 같다(World Economic Forum, 2024).

- 형평성을 위한 설계: 성별과 연령, 교육 등의 격차를 해소하고 다양한 능력과 학습 스타일을 가진 학습자들을 위해 맞춤형 교육을 실시하고, 그와 동시에 학습자들에게 존재하는 다양한 장벽을 제거해야 한다.
- 인간 주도 교육법 강화: 인공지능은 학습자 교육과 관련된 일상적인 작업을 자동화하는 도구로 사용할 수 있지만 인간 주도 교육법을 대체할 수는 없으므로 교수자는 보다 복잡한 작업이나 인공지능 기술과 관련된 리터러시 교육에도 집중해야 한다.
- 인공지능 공동 설계 및 구현: 교수자와 평생교육 기관 및 실무자 등은 모두 인공지능 채택에 중요한 역할을 하므로, 모든 참여자는 솔루션이 교실의 실질적인 요구 사항을 충족하고 표준 커리큘럼과 일치하며, 글로벌 트렌드에 대한 최신 정보를 유지할 수 있도록 협력해야 한다.
- 인공지능 교육: 인공지능 기술에 대한 교육은 인공지능을 통한 교육과 마찬가지로 매우 중요하다. 교실 안팎에서 인공지능 도구를 활용하는 것도 중요하지만 잠재적 위험을 이해하고, 이를 사용하는 데 필요한 기술 능력을 갖추어야

한다.

■ 경제적 실행 가능성과 접근성: 이는 디지털 격차 혹은 인공지능 격차를 더 이상 발생시키지 않고, 교육에서 새로운 불평등을 방지하는 데 필수다. 평생교육에서 인공지능의 잠재력을 최대한 발휘하려면 인프라, 교육 및 데이터 보호를 지원하는 데 상당한 투자가 이루어져야 한다.

인공지능과 평생교육의 미래

정보와 지식이 끊임없이 흐르고 진화하는 세상에서 인공지능 기술로 인해 학습의 개념도 빠르게 변화하고 있다. 교육은 더 이상 전통적인 교실의 벽에 국한되지 않으며, 대학을 비롯한 평생교육 기관은 분명 지식을 전파하는 것 이상으로 확장될 것이다. 가까운 미래에 인공지능 기술은 연령, 시간, 장소, 학습 방식의 한계를 초월하여 평생교육 경험에 대한 잠재력을 발휘할 것이다. 그러므로 평생교육 기관은 학습자들에게 미래에 사용할 기술과 지식을 제공하고 교육시켜야 할 의무와 책임이 더욱 높아질 것이며, 학습자들이 잘 배우고 잘 적응하는지에 대한 관리 감독도 수행해야 한다. 이를 위해서는 전통적인 평생교육 기반의 고정된 커리큘럼에 의한 제한된 교육에서 벗어나 교실 밖에서 다양한 주제와 관점을 탐구하고, 학습자가 기술을 사용하여 세상을 보다 잘 이해하도록 기존의 교육적 한계를 넘어서야 한다. 이에 평생교육 분야에서 학습자 개인이 끊임없이 변화하는 세상에 적응하고, 혁신하며, 발전할 수 있는 진보적 교육으로의 이행에 대한 심도 있는 논의가 선행되어야 한다.

이미 우리 사회에서 인공지능이나 빅데이터와 같은 기술은 교육을 '함께 해야 할 평생의 여정'으로 재정의하는 데 영향을 미치고 있다. 학습자들이 변화에 직면하여 얼마나 잘 적응하고 배울 수 있는지는 결국 평생교육에 달려 있다. 평생교육 분야에 인공지능과 같은 새로운 기술을 통합시킴으로써 정보의 세계를 탐구하고 지식이 정체된 종착점이 아니라 지속적인 탐구가 이루어지는 미래를 향한 개척의 길이라는 인식을 확산시켜야 한다. 이를 토대로 평생교육 기관이나 교육자, 정책 입안자 모두는 전통적인 교육의 한계를 넘어 학습의 개념을 새롭게 재구성하고, 학습자들이 자신의 열정을 탐구하고 약점을 해결하며, 끊임없이 진화하는 지식생태계에 적응할 수 있도록 도와야 한다.

다가올 미래에는 평생교육에 모든 사람이 상시 접근할 수 있도록 물리적, 지리적, 경제적 장벽을 없애고 그 어떤 형태로든 학습의 기회가 제한되지 않도록 포용성을 넓히는 교육 생태계로의 재구성이 이루어져야 한다. 이를 통해서 학습자들이 수업료나 주택 및 통근 비용, 캠퍼스 내 교육 관련 비용 등의 부담에서 벗어나 적은 비용으로도 고품질의 교육 콘텐츠에 접근할 수 있는 진정한 교육 민주화를 이룰 수 있다. 특히 신체적 장애나 건강상의 제약이 있는 학습자는 전통적인 오프라인 교육 기관에 다니는 것이 어려울 수 있기 때문에 인공지능과 평생교육의 통합은 장애인의 학습에 대한 물리적 장벽을 제거하고 상시 교육에 액세스하여 자신의 필요에 맞는 학습을 선택함으로써 다른 사람들에게 뒤처지는 것을 사전에 방지할 수 있다.

이상과 같은 관점에 기반하면, 다가오는 시대에 평생교육의 궁극적 목표는 평생교육 허브 육성이 될 것이다. 학습자의 역량을 개별적으로 추적하는 것이 가능해지고, 각종 데이터를 기반으로 대학을 비롯한 평생교육 기관은 법률 및 데이터, 개인정보 보호 요구사항을 준수하는 것을 기본 전제로 학습자들의 역량 목표에 부합하는 추가적인 개방형 교육 자원을 제공해 줄 수 있을 것이다. 이러한 평생교육의 허브 육성은 지식 콘텐츠의 수동적 소비에서 개인화된 교육 자료를 통한 학습자의 역량을 높이는 데 중추적 역할을 담당하고, 학습 내용보다는 과정을 우선시하는 평생교육의 프레임 워크에서 점점 더 중요해질 것이다. 그러므로 평생교육 허브는 학습자 개인이 선호하는 학습 스타일의 다양성을 고려하고 장기적으로 학습자와 지역 사회 모두에게 이익이 되는 최선의 방법을 결정하는 데 강력한 지식기반의 원천이 될 수 있다.

하지만 인공지능을 활용한 평생교육은 마냥 장밋빛 전망만 있는 것은 아니다. 인공지능의 도입은 많은 과제를 제기한다. 가장 중요한 윤리적 우려 중 하나는 인공지능 시스템의 왜곡이나 결함이 있는 교육 데이터로 인한 편향으로, 인공지능이 방대한 양의 학습자 데이터를 수집하고 분석할 수 있는 강력한 역량을 갖추고 있기 때문에 학습자 교육과 관련된 기존의 불평등을 영속화시킬 수 있다. 이러한 문제는 평생교육에서 인공지능의 개발 및 적용을 위한 인공지능 설계에도 그대로 반영된다. 인공지능 개발과 적용을 위한 설계 과정에 참여하는 공학자들이나 관련 전문가들의 경우에 사회적, 정치적, 경제적 배경에 의해 상당한 영향을 받을 수 있기 때문에 인공지능 개발과 사용의 사회적 맥락에서 편견을 통한 차별과 배제가 나타날 수 있다는 의미다. 그러므로 인공지능 설계에 있어서 다양한 배경을 가진 그룹들(평생교육 기관, 교수자, 실무자, 시민 단체, 장애인 그룹 등)의 참여와 심도 있는 논의를 통해 인공지능의 교육적 활용을 위한 방향성이 설정되어야 한다(Eynon & Young, 2021). 이에 다양한 사회 집단의 참여를 기본 전제로 하여 인공지능과 평생교육에 대한 논의에 참여하는 이해관계자들의 범위를 확대하는 것이 중요하다.

마지막으로 인공지능의 평생교육적 활용과 통합은 책임감 있고 윤리적으로 이루어져야 한다. 편견과 차별을 적극적으로 해결하고 최소화하도록 보장하는 한편 광범위한 인공지능 윤리에 기반하여 평생교육에서의 인공지능 활용이 이루어져야 한다. 이를 위해서는 평생교육적 측면에서 평생교육 기관을 포함하여 실무자들이나 교수자들 모두가 인공지능이 생성해 내는 결과를 이해하고 해석할 수 있어야 하며, 인공지능 기반 개인화된 학습의 이점과 교수자의 지도 및 윤리적 고려사항 간에 적절한 균형이 유지될 수 있도록 하는 것이 평생교육의 미래에 매우 중요할 것이다.

참고문헌

Eynon, R. & Young, E.(2021). Methodology, legend, and rhetoric: The constructions of AI by academia, industry, and policy groups for lifeflong learning. *Science, Technology & Human Values, 46*(1), pp.166-191.

Srivastava, S.(2024.9.12). 12 ways AI in education is transforming the industry. Appinventiv. https://appinventiv.com/blog/artificial-intelligence-in-education/

The Growth Catalysts Team(2024.5.30). How AI is shaping the future of education. https://esoftskills.ie/how-ai-is-shaping-the-future-of-education/

World Economic Forum(2024.4.28). The future of learning: AI is revolutionizing education 4.0. https://www.weforum.org/agenda/2024/04/future-learning-ai-revolutionizing-education-4-0/

김찬원

호원대학교 K-미래인재대학 연구 교수다. 중앙대학교 일반대학원 신문방송학과에서 언론학 석·박사학위를 받았다. “확장된 기술수용모델을 적용한 대학 학습자의 ChatGPT 사용의도: 개인 혁신성과 지각된 신뢰, 지각된 위험을 중심으로”(2024), “통합기술수용모델(UTAUT)과 성격특성을 적용한 메타버스 사용의도”(공동, 2024), “증강현실 광고의 소비자 효과”(공동, 2023), “확장된 기술수용모델을 적용한 OTT 서비스 지속사용의도 영향 요인: 넷플릭스 사용자의 성별, 연령의 조절효과”(공동, 2023) 등 다수의 논문을 KCI 등재지에 게재했다. 주요 저서로 『넥스트 노멀』(공저, 2020), 『미디어콘텐츠 4.0』(공저, 2019), 『위험블랙홀: 위험한 세상에서 살아남기』(2019), 『과학기술, 첨단의 10대 리스크』(공저, 2016) 등 다수가 있다.

김나형

호원대학교 K-미래인재대학 학장이며, K-푸드창업학과 학과장이다. 전남대학교 생활과학대학 의류학과를 졸업하고 동 대학원에서 석사학위를 받았으며, 경기대학교 관광전문대학원에서 관광학 박사학위를 받았다. “ChatGPT 기반 개인화된 맞춤형 건강식단 정보에 대한 사용자의 인지적 평가가 사용에 대한 행위의도에 미치는 영향”(2024), “로컬푸드소비가치와 고객만족, 브랜드 신뢰, 추가지불의사, 추천의도와의 관계연구”(2021), “외식업체 키오스크의 서비스품질, 긍정적 감정반응, 만족, 재방문의도와의 관계연구”(2020) 등 다수의 논문을 KCI 등재지에 게재했다. 또한 ‘군산시 지역혁신사업 RIS 지역혁신자율과제’(2023)에 참여하였으며, 전북경제통산진흥원의 ‘소기업혁신역량강화사업’(2021) 등 연구 용역에서 책임연구원으로 활동하였다. ‘제24회 국제요리제과경연대회’(2023)에서 대통령상을 수상하였으며, ‘제44회 세계관광의 날’에 관광 부문 광주광역시장상 등의 수상 경력이 있다.

조항민

호원대학교 공연미디어학부 교수다. 성균관대학교 신소재공학과를 졸업하고, 동 대학원에서 언론학 석·박사학위를 받았다. “통합기술수용모델(UTAUT)과 성격특성을 적용한 메타버스 사용의도”(공동, 2024), “증강현실 기반 K-Pop 콘서트 지속참여의도에 관한 연구: 가치기반수용모델과 만족을 중심으로”(공동, 2023), “독립잡지의 개념 규정 및 유형화 연구”(공동, 2023) 등 다수의 논문을 KCI등재지에 게재했다. 주요 저서로 『넥스트 노멀』(공저, 2020), 『미디어콘텐츠 4.0』(공저, 2019), 『디지털 시대 과학기술 저널리즘』(2017), 『과학기술 미디어와 만나다』(2014) 등 다수가 있다. 현재 IAAE 국제인공지능&윤리협회 자문위원이다.

정의붕

호원대학교 부총장이며, 산학협력단장과 LiFE 2.0 사업단장을 겸임하고 있다. 건국대학교 공학박사이며, 제8회 중소기업 기술혁신대전에서 2007년 산학연 유공자 교수·연구원 부문 대통령 표창을 수상했다. 한국창업보육협회 회장을 지냈고, 현재 전북콘텐츠진흥원 이사, 중소벤처기업부 지역산업진흥 전문위원이다.

최부헌

호원대학교 공연미디어학부 교수다. 성균관대학교에서 문화융합학 석사와 예술학 박사 학위를 받았다. '광복 70주년 유라시아 친선특급 도라산역'(외교부) 등 다수의 행사를 기획 총괄했고, "뮤지컬 덕혜옹주"(성수아트홀), "국악단 소리개 2016 정기공연"(국립국악원 예악당) 등 여러 공연을 공동제작 또는 제작 총괄했다. "모바일 증강현실 기반 온라인 콘서트 수용에 관한 연구: 확장된 기술수용모델을 중심으로"(2021), "스마트 시니어의 가상현실 실감콘텐츠 사용자 경험과 수용의도에 관한 연구: 확장된 기술수용모델을 중심으로"(2021) 등 다수의 논문을 KCI 등재지에 게재했다. 주요 저서로 『미디어콘텐츠 4.0』(공저, 2019), 『시니어 비즈니스 블루오션』(공저, 2018)이 있다. 현재 호원대학교 산학협력단 부단장과 K-컬쳐테크 융합원 원장, RIS지역혁신자율사업단 단장, 전북특별자치도 도정자문단 미래기획단 위원 등을 맡고 있다.